Mihail Groys

Meine deutsche Geschichte

Mihail Groys

Meine deutsche Geschichte

Wie ich als ukrainischer Jude meine neue Heimat sehe

Inhalt

Dieses Buch widme ich meinen Eltern Yevgeniya und Boris,
zudem meinen Großeltern Firah und Mihail
sowie Klawdiya und Arkadiy.

Ich möchte einigen Menschen danken,
die mich dabei unterstützten, dieses Buch zu schreiben,
und sich Zeit genommen hatten, sich damit
auseinanderzusetzen.

Ernst Freiherr von Münchhausen
Leonard Naumann
Evgeni Tsynman
Viktoriia Derkach
Katja und Eyal Levinsky
Daniel Ziv

Vorneweg

Am Anfang war die Toilette, die Toilette in der Regionalbahn. Sie bereitete mir nach wenigen Minuten in Deutschland erste Probleme. Ich konnte kein Deutsch und wusste nicht, welche Bedeutung die Tasten hatten. So drückte ich statt der Spülung die Notfalltaste, der gesamte Zug musste für einige Minuten stoppen und der Schaffner nachschauen, ob alles in Ordnung war. Wegen meiner Neugier, gepaart mit fehlenden Sprachkenntnissen, bekam ich natürlich Ärger. Wer lesen kann, ist klar im Vorteil. War also meine Ankunft in Deutschland wortwörtlich »ein Griff ins Klo«?

Meine deutsche Geschichte begann am 4. Juni 1998 an einem heißen und sonnigen Tag am Bahnhof Berlin-Lichtenberg. Ich war sieben Jahre alt und mit meiner gesamten Familie als jüdische Zugewanderte aus dem Donbass, für mich das ukrainische Ruhrgebiet, nach Deutschland gekommen. Wir standen am Bahnsteig mit nur elf Koffern, viel Hoffnung auf ein besseres Leben und reichlich Enthusiasmus. Wir strebten nach Glück. Uns bewegte dieses Gefühl, das auch vielen Abenteurern und Entdeckern gut bekannt ist.

Ein kleiner Spoiler zu Beginn, in diesem Buch soll es nur in Teilen um mich und meine Familie gehen. Autobiografische Migrantengeschichten und -bücher gibt es genügend und meistens steht am Ende »Hurra Deutschland, danke« oder »Böses Deutschland, alles schlimm hier«. Das finde ich langweilig. Auch halte ich es für übertrieben, mit Anfang 30 bereits eine Autobiografie zu verfassen – als hätte ich schon genug erlebt für ein filmreifes Epos. Allerdings leben wir in Zeiten, in denen selbst junge Menschen Erfahrungen sammeln, die für mehrere Leben reichen würden.

In diesem Buch geht es vor allem darum, die Wesensmerkmale der deutschen Seele zu ergründen. Um meine Perspektiven und Erfahrungen besser einordnen zu können, beschreibe ich anfangs einige familiäre Hintergründe und Anekdoten aus den ersten Jahren in Deutschland. Welche Herausforderungen und Chancen ergeben sich für jemanden, der aus der Ukraine stammt und zugleich jüdische Wurzeln hat, wenn er die deutsche Gesellschaft verstehen will?

Meine deutsche Geschichte spielt sich in den Zwischenräumen unterschiedlicher Narrative und Positionen ab. Um dies zu veranschaulichen, zeichne ich die vielen gesellschaftlichen und sozialen Spannungen des letzten Vierteljahrhunderts nach, ohne dabei in Schwarz-Weiß-Denken verfallen zu wollen. In den Grautönen des Lebens spiegeln sich die bemerkenswerten Geschichten und Begebenheiten wider, die dieses Buch füllen.

Wenn ich auf meine 25 Jahre in Deutschland zurückblicke, möchte ich einige Aspekte besonders hervorheben, die von deutschen Familienverhältnissen über Essgewohnheiten bis hin zu seriösen gesellschaftspolitischen Themen reichen. Dabei will ich mit meinen ukrainisch-jüdischen und neudeutschen Perspektiven ein facettenreiches und tiefgehendes Bild unseres Landes nachzeichnen. Mir geht es nicht darum, als Erklärbär aufzutreten, sondern vielmehr darum, meine persönlichen Beobachtungen und Eindrücke zu schildern. Mein Ziel ist es, zum Nachdenken anzuregen. Gerade freies Denken betrachte ich als eine Grundvoraussetzung für Neues und Fortschritt in jeder Gesellschaft. Auch unserer deutschen Gesellschaft würde es guttun, sich häufiger auf mutige Gedankenexperimente einzulassen. Dieses

Buch soll dazu anregen, das eigene Deutschlandbild und unser Miteinander in diesem Land zu reflektieren.

Alle meine Erlebnisse, Abenteuer, Herausforderungen, Tränen der Freude und des Schmerzes haben dazu geführt, dass ich das Land besser verstehe. Verbunden damit war und ist die Hoffnung, mich selbst darin wiederzufinden. Die Wechselwirkung zwischen mir als Individuum und der Entwicklung des Landes empfinde ich als erzählenswert. Die deutsche Seele und das Wesen zeigen sich für mich besonders bei alltäglichen Themen wie Essen, Kleidung, Autos und dem Umgang mit Tieren. Dabei wird mir klar, wie stark mein jüdisch-ukrainischer Hintergrund davon abweicht – und wie er sich zugleich auf interessante Weise mit meiner deutschen Identität ergänzt. Insgeheim glaube ich daran und hoffe ich darauf, dass sich einige Menschen darin wiedererkennen, auch wenn sie nicht aus dem ukrainischen Ruhrgebiet stammen oder wie ich Jiddisch sprechen. Widerspruch und Aufgeregtheit sind ausdrücklich erwünscht.

Ich bin viele

Die meisten werden überrascht, irritiert oder vielleicht auch fasziniert sein, wenn sie lesen, wie das Land der Dichter und Denker durch die Augen eines gewissen Herrn Mihail Groys aussieht. »Wer bin ich – und wenn ja, wie viele?« Dieser wunderbare Titel eines Sachbuchs des Philosophen Richard David Precht, der im Zuge des Ukrainekriegs zum Militärexperten mutierte, passt auch auf meine Person. Doch als wer schreibe ich? Der Untertitel verrät schon zu Beginn drei Dinge über mich: Ich bin Jude. Ich komme aus der Ukraine. Ich lebe in meiner deutschen Heimat. Mein Blickwinkel ist daher jüdisch und ukrainisch, aber natürlich auch deutsch. Allerdings beschränke ich meine Person nicht auf diese Identitäten und Themenfelder. Ich bin darüber hinaus studierter Verwaltungswissenschaftler, Sozialdemokrat, Zigarrenraucher, Foodie und aufmerksamer Beobachter des Zeitgeschehens. Wer, wie ich, in Deutschland Sozialwissenschaften studiert, kommt nicht darum herum, sehr unterschiedliche Berufserfahrungen zu machen: Ich konnte im Berliner Parlament, bei der Arbeit als politischer Krisenberater in der Musikindustrie, als Angestellter in einer kommunalen Verwaltung und einer diplomatischen Vertretung sowie aktuell als politischer Referent in einem Verband eine große Palette an Erfahrungen sammeln, die ebenso in dieses Buch eingeflossen sind.

An der Universität, in der Politik, bei der Arbeit und in der Freizeit begegnete ich vielen Menschen, mit denen ich faszinierende Gespräche über ihre Perspektiven auf das Miteinander hierzulande führte. Manchmal hätten diese widersprüchlicher nicht sein können. In einigen fand ich mich selbst wieder, andere lehnte ich vehement ab. Ich bin Gott oder für diejenigen, die nicht an ihn glauben, dem Schicksal sehr dankbar, so viele interessante Personen getroffen zu haben. Meine deutsche Geschichte ist ein großes Puzzle, in dem auch diese Erzählungen einen festen Platz haben.

Was die jüdische Identität angeht, zweifelsfrei die prägendste von allen, kam mir der Begriff »Ureinwohner« in den Kopf. Im Jahr 2021 lebten Jüdinnen und Juden nachweislich seit 1.700 Jahren in dem Gebiet, das heute Deutschland heißt. Somit ist das Judentum ein Dutzend Jahrhunderte länger auf deutschem Boden präsent als das Christentum. Jüdische Gemeinden befanden sich hier kontinuierlich seit der Spätantike über das frühe Mittelalter und alle Epochen hinweg bis zur Moderne. Wenn wir Karl den Großen im 8. Jahrhundert als

Anfang dessen nehmen, was Deutschland heute ist, waren wir Juden in Deutschland schon längst da. Das Volk der Deutschen, das aus frühmittelalterlichen Großstämmen rund um das Jahr 1000 entstand, ist unzertrennbar mit der jüdischen Geschichte vor Ort verbunden.

Als ich einem afro-deutschen Freund davon erzählte, dass ich in meinem Buch die Ureinwohnerschaft der Juden in Deutschland thematisiere, sagte er begeistert, wie sehr dies doch den wahren Kern trifft: »Ihr lebt hier doch seit Ewigkeiten. Natürlich seid ihr Ureinwohner dieses Landes und könnt euch so nennen, trotz allem, was euch hier widerfahren ist.« Mein Verständnis dieses Begriffs ist inklusiv und beruht nicht auf der völkischen Argumentation, wonach die ethnische Herkunft entscheidend ist, sondern auf der realen Präsenz. Auch wenn sich die jüdische Herkunft unbestritten im Nahen Osten begründet, im heutigen Israel, kann man nach 1.700 Jahren guten Gewissens davon sprechen, ein deutsch-jüdischer Ureinwohner zu sein, finde ich. Online-Plattformen wie MyHeritage, die es Menschen ermöglichen, ihre Familiengeschichte zu erforschen, Stammbäume zu erstellen und genetische Ahnenforschung durchzuführen, können behilflich sein, diese Wurzeln zu ermitteln.

In diesem Buch verwende ich zudem mehrfach das Wort »Aschkenas«. Das ist eine Sammelbezeichnung für west- und osteuropäische Juden, deren Herkunft sich im Gebiet des heutigen Deutschlands verorten lässt. Ich bin ein aschkenasischer Jude mit Wurzeln in deutschen Landen. Hier sind bedeutende historische Stätten wie die jüdischen Friedhöfe in Worms und Mainz, die mittelalterliche Synagoge in Speyer sowie Überreste alter jüdischer Viertel zu finden. Solche Zeitzeugnisse haben dazu beigetragen, dass diese Städte heute als UNESCO-Weltkulturerbe anerkannt sind.

Wie ich Deutschland und seine Menschen wahrnehme

Mein Anspruch ist es, unser Land nicht mit Plattitüden und Pauschalisierungen zu beschreiben. Das bedeutet für mich auch, nicht unkritisch oder beliebig zu sein. Die messbaren Fakten und einige Zahlen helfen dabei, meine subjektiven Wahrnehmungen besser einzuordnen. Keine Sorge, da ich in der Schule schwach in Mathematik war, wird hier niemand mit einer Flut von Zahlen konfrontiert.

Unser Land und seine Menschen können nicht mit Stereotypen und Vorurteilen beschrieben werden. Das wäre schlicht und ergreifend falsch und widerspricht der Absicht dieses Buches. Ich werde immer sehr hellhörig, wenn die Rede von »allen« ist. Ich finde es gut, dass Menschen die Freiheit haben, in ihrem Leben, sei es bei der Arbeit oder in der Freizeit, Dinge zu machen, die nicht alle tun. Daher möchte ich nicht von »den Deutschen« oder »den Einwanderern« sprechen. Solche verallgemeinernden Bezeichnungen tauchen dennoch im Buch auf, sollen aber plural, also in Anerkennung und Wertschätzung der Vielfalt der Identitäten und menschlichen Charaktere, verstanden werden.

Wer sich über meine Beobachtungen und Aussagen ärgern sollte, dem sei gesagt: Was trifft, trifft zu. Jeder reflektierte Mensch sollte sich immer zuerst an die eigene Nase fassen und sich vielleicht auch unangenehmen Fragen stellen. Gleichzeitig merke ich, dass wir oberflächlich, oft sogar abwertend diskutieren. Der Kern des Problems wird nicht erfasst, sondern relativiert und verwässert. Klare Aussagen gelten oft als unangemessen. Davon kann ich ein Lied singen, vor allem im Zusammenhang mit meiner politischen Arbeit.

Ich glaube, dass ich in diesem Buch über alle Kapitel hinweg genug Selbstkritik übe. Das gehört zu einer reflektierten Person dazu. Nur dadurch können wir aus uns selbst heraus wachsen. In Max Frischs Tagebüchern findet sich die treffende Formulierung, wie sich Menschen mit den eigenen Erkenntnissen erreichen lassen: »Man sollte die Wahrheit dem anderen wie einen Mantel hinhalten, daß er hineinschlüpfen kann – nicht wie ein nasses Tuch um den Kopf schlagen.« Deswegen möchte ich meine Kritik an den gesellschaftlichen Missständen immer als Denkanstoß verstanden wissen. Hinter diesem Buch steckt nämlich der Anspruch, mit Witz und Schärfe sowie viel Heiterkeit einen seriösen und emotionalen Debattenbeitrag zu liefern. Ich habe mich lebenslang geweigert, abgestempelt oder in eine Schublade gepackt zu werden. Das ist natürlich angesichts meiner sozialdemokratischen Parteimitgliedschaft schwierig, aber das Problem mit der Parteilichkeit haben auch die Fußballfans in diesem Land.

Wie es zu diesem Buch kam und für wen es gedacht ist

Die erste Idee, ein Buch zu schreiben, entstand beim Familienessen anlässlich des 20. Jahrestages unserer Einwanderung nach Deutschland, also im Jahr 2018. Wir haben es uns zur Gewohnheit gemacht, an diesem besonderen Tag gemeinsam zu essen und zu reflektieren, was in diesen zwei Jahrzehnten des Lebens hier gut und was schiefgelaufen ist. Unzählige Geschichten wurden erzählt, die bis zu meiner frühen Kindheit zurückreichten. Manche hatte ich vergessen, verdrängt oder waren mir unbekannt. Es kamen viele sehr spannende Erinnerungen an unsere ersten Tage in Deutschland auf. Erzählt wurde auch von den vielfältigen Erfahrungen und Enttäuschungen in den Folgejahren während der Integration und der Krisen im Land Ende der 1990er- und Anfang der 2000er-Jahre.

Auf jeden Fall gab es bei diesem Essen genug Gesprächsstoff, der mich dazu brachte, mich tiefer mit meiner deutschen Geschichte auseinanderzusetzen. Eine ehrliche Bilanz dieser Zeit findet sich am Ende dieses Buches. Ich hoffe nur, dass meine Familie noch mit mir sprechen wird, nachdem sie mein Fazit gelesen hat. Ich finde, es gehört Mut dazu, sich der Vergangenheit zu stellen, und noch mehr mit Entschlossenheit, in die Zukunft zu blicken.

Immer wieder werde ich gefragt, für wen ich meine publizistischen Beiträge in Zeitungen oder in den sozialen Medien schreibe, was also meine Zielgruppe ist. Ehrlicherweise habe ich darauf selten eine konkrete Antwort, da ich versuche, jedem Menschen, unabhängig von seiner Herkunft oder religiösen und politischen Einstellung, zuzuhören und wenn möglich mit meinen Argumenten oder Gedanken zu erreichen. Mein Buch kann ein türkisches Gastarbeiterkind ebenso lesen wie ein konservativ denkender Mensch aus dem Adenauer-Haus, eine Musikmanagerin bei Bertelsmann oder der Kfz-Mechaniker von nebenan. Es gibt nur eine grundlegende Bitte, die ich an die Leserinnen und Leser richte: Seid neugierig und offen für unterschiedliche Meinungen.

Die letzten vier Jahre waren für mich persönlich sehr bewegend. Ich überlegte zu schreiben, weil ich etwas zu sagen hatte – und immer noch habe – und auch vieles verarbeiten wollte. Zum einen begann mit der Covid-Pandemie eine besonders schwierige Zeit für jeden Menschen in der Welt, mich eingeschlossen. Die Welt versank unter einer noch nie da gewesenen Welle von Isolation, Unsicherheit und Verlustängsten. Corona war eine globale Krise, die keiner erwartet hatte.

Als die Pandemie 2022 weitestgehend eingedämmt worden war, endete die dunkle Zeit für mich persönlich nicht. Sie setzte sich nahtlos fort, denn Russland startete einen brutalen Angriffskrieg auf das

Nachbarland Ukraine, weniger als zwei Flugstunden von Berlin entfernt. Ich bin in der Ostukraine geboren. Das Geschehen traf mich persönlich und meine Familie. Es tat weh zu sehen, was passierte, und ich versank in eine Dystopie bezüglich unserer Gegenwart. Zerstörte ukrainische Städte und Dörfer, verbrannte Weizenfelder und Tausende tote, unschuldige Menschen, Vergewaltigungen in Butscha. In meinem Buch vertiefe ich dieses Thema später und widme mich dem Ukraine-Bild in Deutschland. Und gehe darauf ein, wie ich als gebürtiger Ukrainer jüdischer Herkunft hier wahrgenommen wurde.

Als ich mich langsam, aber sicher, an den Wahnsinn des Ukrainekriegs gewöhnt hatte, kam der 7. Oktober 2023 und damit der Überfall der Hamas auf Israel. Das traf mich noch einmal persönlich. Ich bin nun mal gebürtiger Jude. Wenn das größte Massaker an Juden nach der Schoah begangen wird, geht das an mir nicht spurlos vorbei.

Die beiden prominentesten Konflikte der letzten Jahre in meiner Person biografisch vereint, das hat sicherlich viel in mir bewegt. Die nicht jüdischen oder ukrainischen Menschen in meinem Umfeld fragen mich, wie ich damit umgehe. Oft frage ich mich, wie man in solchen Tagen überhaupt Kraft findet und in die Zukunft schauen kann. Am Ende des Buches wage ich tatsächlich einen Ausblick, wie es mit all den erwähnten Themenfeldern weitergehen wird. Mir scheint es unabdingbar, nicht in der Vergangenheit und Gegenwart zu verharren, sondern heiter und mutig einen Blick nach vorne zu wagen – über den heutigen Tag und auch den eigenen Tellerrand hinaus.

Meine deutsche Geschichte ist vielleicht auch in Teilen eure Geschichte oder unsere gemeinsame, worüber ich mich sehr freuen würde. Wenn mein Buch aber auf Kritik oder Ablehnung stößt und einen praktischen Wert als Stütze für einen kaputten Tisch oder Stuhl hat, dann erfüllt es auch einen Zweck.

1.

Tatsächlich angekommen?

Spätestens seit meiner Zeit in der Musikindustrie habe ich mir angewöhnt, Abschnitte und Ereignisse meines Lebens mit Liedern zu verbinden. Das gilt sowohl für gute als auch für traurige Momente. Wenn ich einen bestimmten Song höre, kann ich die Situation dazu wieder nachfühlen. Damit bin ich vermutlich nicht allein auf der Welt. Es gibt auch diejenigen, die ihre Lieder in der Dusche singen, was meinen Nachbarn vermutlich nicht gefallen würde. Mein Freund und ehemaliger Universal-Music-Deutschland-Chef Tim Renner sieht darin weder einen Ausdruck von erhöhter Emotionalität oder besonders großer Empathiefähigkeit meinerseits. Beim Hören von Musik sollte ich wohl mehr als Klang empfinden. »Groyski, du verstehst etwas von Musik«, sagte er zu mir, als wir uns über die Frage nach der Trennung von Werk und Künstler stritten.

Auch die Ankunft in Deutschland und die ersten Jahre hier rufen bei mir musikalische Assoziationen hervor. Zum Beispiel sang die deutsche Pop-Rock-Band »Wir sind Helden« im Refrain ihres Hits »Gekommen, um zu bleiben«:

»Gekommen, um zu bleiben – wir gehen nicht mehr weg (wir gehen nicht mehr weg)

Gekommen, um zu bleiben – wie ein perfekter Fleck (wie ein perfekter Fleck)«

Dieses Lied erinnert mich an unsere Einwanderung. Wir kamen in der Tat, um zu bleiben, und vor allem passten wir wie »ein perfekter

Fleck« in die deutsche Gesellschaft hinein, also offenkundig gesagt gar nicht. Wie konnte es auch anders sein? Meine Eltern wanderten in den 1990er-Jahren als Menschen mit sowjetischer Prägung, nach jahrzehntelanger Isolation von der Außenwelt, nach Europa, um hier unser neues Leben aufzubauen. Die Schwester meines Großvaters hatte bereits seit einigen Jahren in Berlin gelebt, sodass die Wahl auf Deutschland durchaus bewusst fiel. Es ist nicht ungewöhnlich, dass die Familie zusammen sein will. Andererseits war es vielleicht auch eine schicksalhafte Fügung unterschiedlicher Umstände, dass ausgerechnet dieses Land zu unserer Heimat werden sollte.

Ich kann bestimmte Lebensabschnitte nicht nur mit Liedern assoziieren, sondern auch mit Düften. Deutschland roch verdammt gut und erfrischend damals, Ende der 1990er-Jahre. Ich hatte das Gefühl, dass alles und überall mit Deodorant besprüht worden war. Die frischgebackene Heimat roch anziehend. Sogar in den Toiletten, wo es nicht selten ein spezielles Parfum gab und leblose bunte Plastikblümchen standen, wie in der erwähnten Regionalbahn am ersten Tag nach unserer Ankunft. Es kann aber auch der Geruch des Ankommens gewesen sein, den jeder Mensch verspürt, wenn er in ein noch fremdes Land kommt. Vermutlich ist es vergleichbar mit einem neuen Menschen im Leben, an dessen Geruch man sich erst einmal gewöhnen muss. Und der besonders gut riecht, nachdem man sich in ihn verliebt hat.

Ob meine Eltern und ich uns in dieses Land auf den ersten Blick verliebten? Das kann ich 25 Jahre später verneinen. Dennoch haben wir uns gut riechen gelernt – wie zwei deutsche Doggen sich gegenseitig beim Gassigehen. Dieses Beschnuppern dauerte etwa fünf Jahre und kann grob als Phase des Ankommens bezeichnet werden. Ein deutsches Sprichwort besagt »Aller Anfang ist schwer«. Alles war neu und kompliziert an Deutschland: die Autos, das Essen und die Häuser. Diese ersten fünf Jahre waren wirklich aufregend.

Merkwürdig finde ich, dass in fast allen Sprachen der Welt Deutschland mit Germanen in Verbindung gebracht wird, nur nicht in der deutschen Sprache selbst – eine meiner vielen Erkenntnisse der anderen Art. Deutschland hieß für mich vor der Ankunft nämlich »Germania«. Das zählt grammatikalisch zu den weiblichen Worten. In meiner Muttersprache Russisch ist das Wort für Heimat »Rodina« (Mutterland) auch weiblich, im Deutschen dagegen neutral (»das Vaterland«) mit männlichem Bezug. Vor einigen Jahren gab es in Deutschland eine Debatte, ob aus »Vaterland« »Mutterland« werden sollte. Ich selbst habe den Wechsel zwischen einem weiblich benannten Mutterland und dem deutschen Vaterland erlebt. Mit Gelassenheit sehe ich solche Begriffe, wie wohl auch Gustav Heinemann, der einst in einem Interview mit dem »Spiegel« im Jahr 1969 sagte: »Ach was, ich liebe keine Staaten, ich liebe meine Frau; fertig!«

Neues Land, neues Gefühl

Das Gefühl, in einem neuen Land zu sein, kennen sicher auch viele gebürtige Deutsche, denn historisch betrachtet waren Flucht und Vertreibung gut bekannte Themen für Deutschland und die Menschen dort. Im blutigen 20. Jahrhundert wurden zwischen 1945 und 1950 mehr als 17 Millionen Deutsche aus den Gebieten des heutigen Polens, Ungarns, den baltischen Staaten, Rumäniens, Tschechiens, der Slowakei und Jugoslawiens nach Deutschland vertrieben. Die gewaltigen Massen an Geflüchteten mussten innerhalb der vier Besatzungszonen verteilt und integriert werden. Die ältere Generation wird sich noch gut daran erinnern, dass es trotz der gemeinsamen deutschen Sprache und Kultur erhebliche Unterschiede zwischen den Vertriebenen aus Ostpreußen, Böhmen und Mähren und den Deutschen, die auf dem Gebiet der heutigen Bundesrepublik lebten, gab. Das Gefühl von Fremdheit, auch im eigenen Land, kennen diese Menschen definitiv aus eigener Erfahrung. Dies scheint mir eine weitere außerordentlich wichtige Betrachtungsebene hinsichtlich der deutschen Identität zu sein.

Wer nach schwerer Fahrt oder Flucht in einem Land ankommt und denkt, dass nun alles überstanden ist, wird merken, dass nun die wirklichen Probleme erst beginnen. Es stellt sich die Frage, was man mit seinem Leben anfangen will. Manche werden sich hier sicherlich nicht an meine deutsche Geschichte aus dem Jahr 1998 erinnern, sondern viel eher an ihre schlesischen oder sudetischen Großeltern, die vor dieser existenziellen Entscheidung standen. Schließlich hatten die ethnischen Deutschen viele Jahrhunderte das deutsche Kernland nicht gesehen und besaßen eine andere Mentalität.

Die Heimat zu verlassen und in eine vollkommen neue Umgebung einzutauchen ist herausfordernd und bedeutet in erster Linie eine Entwurzelung. Für mich als kleinen siebenjährigen Jungen aus der ukrainischen Kleinstadt war es anders. Deutschland war vollkommen wie Disneyland mit vielen Abenteuern und spannenden Erlebnissen. Es ist bemerkenswert, wie die kindliche Psyche funktioniert und vor allem Stress gekonnt verdrängt.

Meine Eltern erzählten mir, wie es ihnen das Herz gebrochen hatte, mich nach der Einschulung den anderen Kindern hinterhertrödeln zu sehen. Als sie mich fragten, wieso ich nicht mit ihnen mitlief, soll ich ihnen entgegnet haben, dass keiner mit mir reden wollte, weil ich die Sprache nicht konnte, und zu weinen angefangen haben. Zwar wussten sie, dass sie das Richtige für mich getan hatten – mich nach Deutschland zu bringen und mir eine Zukunft zu sichern –, wie dies jedoch funktionieren sollte, war anfangs unklar. Etwas Ähnliches soll sich beim Völkerballspielen im Sportunterricht zugetragen haben. Ich wusste einfach nicht, wann ich aufstehen und mich hinsetzen sollte, und rannte weinend hin und her. Offen gestanden hat meine Psyche diese traurigen Erlebnisse vollkommen verdrängt. Es muss so schmerzlich gewesen sein, dass ich es vergessen wollte. Bemerkenswert ist dies, weil ich eigentlich ein sehr ausgeprägtes Erinnerungsvermögen besitze.

Meine Eltern und andere Verwandten konnten nicht wie ich einfach losweinen, obwohl ihnen sicherlich danach war. Sie standen vor grundsätzlichen strategischen Fragen: Wie sollten sie sich beruflich weiterentwickeln? Was wäre ein geeigneter Wohnort und was die beste Schule für mich? Sie mussten stark und mutig sein wie jeder Mensch, der sich auf den Weg in eine ungewisse Zukunft macht. Was waren ihre ersten Schritte in einem Land, dessen Sprache sie nicht sprachen, dessen Bräuche sie nicht kannten? Das sie nur aus den Geschichtsbüchern oder sowjetischen Kriegsfilmen kannten, und zwar als militärisch besiegtes Deutschland? Das war damals. Vor welchen Fragen steht wohl die heutige Generation von Migranten?

Meine Ratschläge für Eingewanderte

Jede Entscheidung hat bekanntlich Konsequenzen. Das gilt auch für die Einwanderung in ein neues Land, die mit einer Reihe von mittel- und vor allem langfristigen Folgen verbunden ist. In Deutschland anzukommen bedeutet, es zum Lebensmittelpunkt zu machen. Die Werte, Regeln und Gepflogenheiten des Gastlandes müssen beachtet werden. Des Weiteren rate ich Eingewanderten, herauszufinden, wie sie zum Gemeinwohl beitragen, sich in den Arbeitsmarkt integrieren und natürlich die deutsche Sprache lernen können.

Die Verantwortung dafür kann aus meiner Sicht nicht allein bei den eingewanderten Menschen liegen, sondern muss geteilt werden: zwischen denjenigen, die zu uns nach Deutschland kommen, und denjenigen, die sie hier aufnehmen. Das gilt für den Umgang mit Sudetendeutschen und Schlesiern ebenso wie für den mit Nichtdeutschen. Ich hoffe darauf – vermutlich ist es eher Wunschdenken –, dass der Staat und die Menschen, die Eingewanderte aufnehmen, ein gemeinsames Leben mit den zukünftigen Mitbürgerinnen und Mitbürgern organisieren.

In der deutschen Gesellschaft bestehen große Wissenslücken, wenn es um die Einwanderung geht. Es herrschen sehr schablonenhafte Vorstellungen von den Eingewanderten vor, von ihrer Vergangenheit in den Herkunftsländern und ihrer deutschen Gegenwart. Was die Zukunft angeht, bleiben viele Leerstellen. Ich wage es, mit dem Abstand von 25 Jahren einige Tipps zu geben, was getan werden könnte, um das zukünftige Zusammenleben zu verbessern.

Meine Empfehlung: Die Eingewanderten sollten nicht an ihren Absichten, sondern an ihren Taten gemessen werden. Sie sind keine Kinder und auch keine Menschen mit Beeinträchtigungen, die einer besonderen Betreuung bedürfen. Wer zum Beispiel frauenverachtende Äußerungen macht oder Straftaten begeht, muss mit Konsequenzen rechnen. Ein solches Verhalten darf nicht durch jemandes Herkunft entschuldigt oder durch falsches Verständnis verharmlost werden. Auch in den Herkunftsländern der Eingewanderten gilt einen Regelkanon, nach dem bestimmte Handlungen verboten sind. Ein Mörder ist überall ein Mörder. Ebenso wird das Stehlen in keiner Gesellschaft der Welt toleriert. Der Staat sollte erwachsene Menschen also nicht mit größerer Rücksicht behandeln, weil sie einen anderen Hintergrund haben. Damit wird doch nur Rassismus reproduziert, weil an die betreffenden Personen andere Maßstäbe angelegt werden als an andere. Vor dem Gesetz sind schließlich alle Menschen gleich.

Der Teufel liegt hier im Detail. Wir hatten beispielweise damals als jüdische Geflüchtete in unseren ukrainischen Pässen neben der unbefristeten Aufenthaltserlaubnis eine Residenzpflicht eingeklebt. Demnach galt der Wechsel in einen anderen Landkreis als Verstoß, der Geldbußen, Kürzungen von Sozialleistungen bis hin zu strafrechtlichen Konsequenzen nach sich ziehen konnte. Die Residenzpflicht in Deutschland wurde durch die Gesetzesänderungen in den Jahren 2015 und 2016 zwar erheblich gelockert, aber nicht vollständig abgeschafft.

Ich finde auch Vorverurteilungen und Annahmen, dass Menschen mit Migrationshintergrund generell krimineller sind, gänzlich falsch. Dahinter steckt oft ein Abwehrmechanismus, um sich nicht mit den eigenen Problem im Land beschäftigen zu müssen. Schuld sind immer die anderen – wie des Öfteren auf dem Spielplatz und beim Streit im Sandkasten zu hören ist.

Die zweite Empfehlung bezieht sich auf einen sensiblen Umgang mit dem Erwerb der Sprache und ihrer Anwendung. Sprache ist in Deutschland heilig und soll entscheidend für die Integration sein, um sich im Alltag verständigen zu können und Zugang zu Bildung, Arbeit und sozialen Diensten zu bekommen. Das halte ich aber für einen Irrweg. Für mein Dafürhalten wäre es sehr ratsam, nicht auf jedes Wort und den immer korrekten Satzbau zu schauen, sondern auf die Potenziale zu blicken, die jeder Menschen in sich trägt. Im Vordergrund sollten die Fähigkeiten einer Person, ihr Charakter und erst dann ihre Sprachkenntnisse stehen.

Ganz zu Beginn erlernten meine Eltern in Deutschland das Buchstabieren ihrer Nachnamen mithilfe gut bekannter Wörter. Bevor sie also noch kaum die Sprache beherrschten, buchstabierten sie diese bereits gekonnt und zur großen Verwunderung der deutschen Bezirksamtsmitarbeiter. Ich lernte das Buchstabieren damals auch und greife bis heute am Telefon darauf zurück, wenn man mich nach meinem Familiennamen fragt: »Gustav, Richard, Otto, Ypsilon, Siegfried – GROYS.«

Doch mit dem Buchstabieren allein kommt man definitiv nicht weiter. Während eines regulären und eigentlich völlig harmlosen Termins bei einer brandenburgischen Behörde in Eberswalde kurz nach unserer Ankunft brachen mein Vater und mein Onkel plötzlich in unkontrollierbares und nicht zu stoppendes Gelächter aus. Diese Situation war äußerst peinlich und muss von außen betrachtet unfassbar merkwürdig gewirkt haben. Dieses Lachen lässt sich jedoch nur durch eine extreme Nervosität und das völlige Unverständnis der gesprochenen Worte erklären. Auf dem langen Heimweg schwiegen die beiden nur und schauten beschämt zur Seite, weil sie ihr Verhalten nicht erklären konnten. Als erwachsener Mensch ohne Sprachkenntnisse fühlten sie sich hilflos und handelten infantil.

Mein dritter Hinweis an die deutschen Mitbürgerinnen und Mitbürger: Es wäre sinnvoll, nicht nur die eigenen Werte und die eigene Kultur zu vermitteln, sondern auch ein Mindestmaß an Interesse für das Gegenüber zu entwickeln. Sicher muss nicht jeder Expertise bezüglich Algerien, Syrien oder die Ukraine haben, doch fände ich es schön, wenn die Menschen in Deutschland zumindest etwas mehr Entgegenkommen zeigen und Grundwissen aufbieten könnten. So würde das Zusammenleben einfacher und die Hürden im Miteinander könnten fallen.

Viertens ist es meiner Meinung nach wichtig, dass Menschen Chancen erhalten. Wir brauchen eine Mentalität in diesem Land, die dem Grundsatz eines Freundes folgt, der seit vielen Jahren Marathon läuft: »Jeder hat das Potenzial, einen Marathon zu laufen, aber nicht jeder wird den Weltrekord brechen oder sogar gewinnen.« Integration bedeutet, Menschen zu fördern. Das beinhaltet, ihnen zumindest ein gewisses Vertrauen entgegenzubringen. Das beginnt schon in der Schule, wo oft die soziale Herkunft oder eine körperliche Beeinträchtigung darüber entscheiden, wie das Leben verlaufen wird. Das muss nicht so sein. Ich finde, in Deutschland mangelt es an einem angemessenen Umgang mit Neuankömmlingen. Sie werden entweder komplett bevormundet oder ihnen werden Aufstiegsmöglichkeiten schlicht verweigert. Ich setze mich für einen respektvollen und ausgleichsorientierten Umgang mit dem Thema Chancengleichheit ein, damit Deutsche und Eingewanderte die gleichen Möglichkeiten haben.

Die bestehende Chancenungleichheit wurde am Arbeitsmarkt besonders spürbar. Die Massenarbeitslosigkeit der 2000er-Jahre hinterließ einen bleibenden Eindruck bei meinen Eltern. Sie wussten aus ihrem früheren Leben in der Ukraine nicht, was es bedeutet, arbeitslos zu sein. Sie waren von der damals schwierigen Situation betroffen und vor allem geschockt. Mein Vater hatte in der Ukraine einen hohen Posten als Bergbauingenieur und Leiter der Lohnabteilung eines Bergbauwerks mit Tausenden Mitarbeitenden innegehabt. Er fand sich nun in der beschämenden Rolle eines Besuchers des Arbeitsamtes wieder, das später nach den Hartz-Reformen in Jobcenter umbenannt wurde. In der Sowjetunion herrschte, ähnlich wie in der DDR, absolute Vollbeschäftigung, und »Nichtstuer« wurden strafrechtlich verfolgt, da Arbeit in einer kommunistischen Gesellschaft einen hohen gesellschaftlichen Stellenwert hatte. Nun fanden sich meine Eltern in dem neuen

Land in ebendieser Rolle wieder, was sie psychisch unglaublich belastete und sozial abwertete.

Das Arbeitsamt hatte die Aufgabe, Menschen bei der Suche nach Arbeit zu unterstützen und ein reichliches Angebot an Stellen anzubieten. Als mein Vater in dieser Zeit seinen Betreuer im Arbeitsamt fragte, wie es mit Jobs aussähe, entgegnete der ihm nur zynisch, er solle am besten die Jobbörse der BZ anschreiben, da er ihm hier nicht weiterhelfen könne.

Einige Jahre später, nachdem die Hartz-Reformen umgesetzt worden waren, haben die Mitarbeiter des Jobcenters mit allen Mitteln versucht, Menschen aus der Beschäftigungslosigkeit herauszuholen. Oft mit etwas schrägen Methoden. Ziel dessen war es, Druck auf Langzeitarbeitslose auszuüben. Für die Betroffenen sollte die Situation so unangenehm wie möglich gestaltet werden, um ihre Motivation bei der Arbeitssuche zu erhöhen. Ich verstand erst viele Jahre später, als ich mich nach meinem ersten Job im Parlament als arbeitssuchend meldete und zum Termin ins Jobcenter kam, was meine Eltern wohl gespürt hatten. Ich erfuhr dort eine Erniedrigung und Degradierung ohnegleichen, sodass ich mir geschworen habe, diese Behörde nie wieder von innen zu sehen.

Der Start ins neue Leben als Migrant

Damals, kurz nach der Ankunft in Lichtenberg, dem berühmten Bahnhof, wo alle Züge aus Osteuropa zu dieser Zeit ankamen, waren die Arbeitsmarktreformen, Probleme bei der Jobsuche und Arbeitslosigkeit sehr weit entfernt. Meine Familie spürte nach den ersten Schritten auf deutschem Boden erst einmal die Erleichterung, es geschafft zu haben. In Peitz, nahe der polnischen Grenze, wurden wir einige Stunden nach der Ankunft in ein sehr großes, weißes Gebäude einquartiert, das aussah wie ein Schiff – die Flüchtlingsunterkunft. Als wir unser Zimmer betraten, war für alles gesorgt. Die neue deutsche Heimat hatte sogar Lebensmittel für uns besorgt und außerdem Handtücher sowie Toilettenpapier bereitgestellt. Heute bezeichnet man dies in Deutschland am besten mit dem Wort »Willkommenskultur«.

Oft werde ich gefragt, wie es war, in einer Unterkunft für Geflüchtete zu leben. Ich kann darüber nichts Dramatisches oder Negatives berichten, denn für mich war es eine sehr spannende Erfahrung. Als ich vor Kurzem für eine Promotion interviewt wurde, die sich mit dem Verhältnis von Russlanddeutschen und jüdischen Zugewanderten aus der ehemaligen Sowjetunion befasste, kamen einige Erinnerungen hoch. Es ging allgemein um das Zusammenleben hier in Deutschland sowie um Fragen der Identität, der Bewältigung der Vergangenheit und gemeinsame politische Interessen.

In der ersten Klasse kriegt jeder Erstklässler in Deutschland eine Schultüte voll mit Süßigkeiten geschenkt. Dieser Brauch, Schultüten zur Einschulung zu schenken, wird je nach Quelle seit dem 19. Jahrhundert in Deutschland gepflegt und gehört zu diesem Land dazu wie das Bier zum Fußball. Meine Eltern hatten diesen Gedanken intellektuell etwas erweitert und dachten, dass man als Erstklässler anderen Kindern etwas schenken muss und nicht mir als Schulanfänger. In den Ländern der ehemaligen Sowjetunion kennt man diesen Brauch nicht. Dort hatten die Kinder wiederum ihren Lehrern Blumen geschenkt. Zumindest habe ich mich sehr darüber geärgert, dass ich nicht im Mittelpunkt stand, sondern meine Schultüte mit jemandem teilen musste.

Viele Jahre später habe ich gehört, dass der vermeintlich deutsche Brauch jüdische Wurzeln haben könnte. Es war in den jüdischen

Gemeinden nämlich üblich, den Kindern zu Beginn des Schullebens süßes Buchstabengebäck zu schenken. Dies bezog sich, wie so vieles im Judentum, auf eine religiöse Quelle aus dem Psalm 119: »Dein Wort ist in meinem Munde süßer als Honig«. Selbst wenn die Deutschen diesen Brauch nicht übernommen hatten, so ist das kulturelle und religiöse Erbe der Juden hierzulande auch in dieser Tradition wiederzufinden. 1.700 Jahre sind nicht wegzudenken.

In diesem Zusammenhang fiel mir meine Zeit in Peitz wieder ein und auch die in Schöneiche bei Berlin, wo wir als Nächstes untergebracht waren. Beide Unterkünfte wären wunderbare Orte für soziologische Experimente und politikwissenschaftliche Beobachtungen gewesen. In den Flüchtlingsheimen in Deutschland trafen zwei Gruppen aufeinander, die in der Sowjetunion völlig unterschiedlich sozialisiert worden waren, und die nun auf engstem Raum miteinander auskommen mussten. Abgesehen von der russischen Sprache hatten die Menschen wenig gemeinsam. Doch bei genauerer Betrachtung konnte man faszinierende Parallelen erkennen, zum Beispiel Erfahrungen von Diskriminierung in der Sowjetunion aufgrund ihrer deutschen Herkunft sowie starke Identitätsprobleme nach der Ankunft in Deutschland.

In der Sowjetunion wurden Russlanddeutsche als deutsche »Faschisten« bezeichnet, während Spätaussiedler in Deutschland einfach nur »die Russen« waren. Ähnlich erging es jüdischen Menschen, die in der Sowjetunion als Juden stigmatisiert und hier in Deutschland von vielen alteingesessenen deutschen Juden lediglich als »Passjuden« angesehen wurden, da sie nicht ausreichend mit religiösen Fragen vertraut waren und sich mit der jüdischen Religion kaum oder gar nicht identifizieren konnten. Das wird im atheistischen Ostdeutschland ein gut bekanntes Phänomen sein, da auch die dortige sozialistische Gesellschaft gottbefreit sein sollte. Eine weitere Parallele zwischen den beiden Gruppen ist die Zeit, zu der sie Deutschland verließen – vor einigen Jahrhunderten –, und beide kehrten in den frühen 1990er-Jahren zurück. Spätaussiedler und aschkenasische Juden aus der Sowjetunion haben nun einmal ihre Wurzeln in Deutschland, sodass mir »rückgewandert« als ein passender Begriff erscheint.

In der Flüchtlingsunterkunft trafen wir auf einen Russlanddeutschen, dem eine sehr komische Geschichte widerfahren war. Er hieß mit Vornamen Ivan und mit Nachnamen Papst. Der junge Mann arbeitete in einer Kolchose und war weder religiös, noch hatte er große Kenntnisse über Theologie. Das Jobcenter hatte ihn zu einem Minijob in eine katholische Kirche geschickt. Dort musste er schwere Tätigkeiten verrichten und den Boden wischen. Am Ende des Arbeitstages unterschrieb er sein Stundenblatt mit dem Nachnamen »Papst«. Das entdeckte der dortige Pfarrer und konnte sein Glück kaum fassen. Er bot dem jungen Mann daraufhin eine richtige Vollzeitstelle an und sagte, dass der ehemalige Kolchosemitarbeiter Ivan sehr große Vorfahren hatte, und daher der Name »Papst« stammt.

Viele Russlanddeutsche änderten in Deutschland in der Tat ihren Namen, aus Wladimir wurde Waldemar, aus Egor Jörg, aus Elena Helena und Galina Gertrud. Ivan wäre eingedeutscht Johann. Wenn ihr also nächstes Mal »Atemlos durch die Nacht« der Spätaussiedlerin Helene Fischer hört, müsste sie eigentlich slawisch klingend Elena heißen.

Eine Flüchtlingsunterkunft ist ein bunter Begegnungsort. Vereint sind alle in dem Gedanken, ein neues Leben anzufangen. Wer welche berufliche oder gesellschaftliche Stellung in der alten Heimat innehatte, interessiert im neuen Land niemanden. Vielmehr ist wichtig, wer du heute bist, nicht, wer du gestern warst. Ich konnte beobachten, wie es zum Beispiel Akademiker oft schwerer hatten zurechtzukommen als jene Menschen ohne hohen Bildungsabschluss, jedoch mit ausgeprägten geschäftlichen Fähigkeiten. Die zweite Gruppe hatte bereits während der Zeit in der Flüchtlingsunterkunft begonnen, nach Wegen zu suchen, um in der sozialen Marktwirtschaft einen Platz zu finden. Außer mit der Residenzpflicht waren meine Eltern mit einem Verbot für Selbstständigkeit belegt, was jegliche unternehmerische Tätigkeiten ausschloss. Das war genau der Fall, wo die Schicksalsgöttin auf deutsche Bürokratie traf und ein externer Faktor über die Zukunft bestimmte.

Ich hatte diese Erfahrungen fast schon vergessen, doch sie holten mich während der Flüchtlingskrise in Deutschland 2015/2016 wie ein Déjà-vu ein. Über eine Million Geflüchtete, Migranten und Schutzsuchende aus Syrien, Irak, Afghanistan, Afrika und dem Balkan kamen nach Deutschland. Dieser Zustrom blieb nicht unbemerkt und löste gemischte Reaktionen in der deutschen Gesellschaft aus – von euphorischer Unterstützung für die Menschen bis hin zu Ablehnung und Angst vor Überfremdung. In meinen vielen Gesprächen mit Geflüchteten gab ich zu der Zeit zwei Handlungsempfehlungen, die ihnen in diesem Land womöglich dabei helfen könnten, eine Zukunft aufzubauen.

Erstens muss ein eingewanderter Mensch seine Träume und Wünsche kanalisieren. Er sollte begreifen, dass er trotz voller Regale in den Kühlschränken und Supermärkten, trotz sozialer Sicherungssysteme und Gesundheitsversicherung nicht in Disneyland gelandet ist. Einen Neuankömmling erwarten in Deutschland schwere Jahre der Ausbildung und Integration in den Arbeitsmarkt. Auch die früheren Qualifikationen und Abschlüsse müssen anerkannt und bei der Arbeitssuche eingesetzt werden. Mein Ziel war es nie, die Menschen zu desillusionieren, sondern ich wollte ihnen den nötigen Realismus mitgeben, damit sie besser auch auf Unangenehmes vorbereitet sind. Wer also glaubt, in Deutschland angekommen würde einem die Welt zu Füßen liegen, irrt gewaltig. Zur Klarstellung: Pessimismus ist mir ebenso fremd wie sinnbefreiter Optimismus.

Als Geflüchteter muss man die eigene Situation vorausschauend einschätzen und darf nicht vergessen, dass man hier zunächst zu den anderen, den Fremden gehört. Das führt mich zur zweiten Handlungsempfehlung: zu akzeptieren, dass Erfolg in Deutschland nicht bei gleicher, sondern bei überdurchschnittlicher Leistung im Vergleich zu Einheimischen erreicht werden kann. Ich musste dies sehr früh verinnerlichen, um ernsthafte Fortschritte in der Schule zu erzielen. Das mag der einen oder dem anderen ungerecht erscheinen, jedoch ist dies eine Realität, der man sich bewusst sein muss. Diese Überzeugung war mein Antrieb in den schweren Stunden in der Schule, als ich bessere Aufsätze schreiben musste als meine deutschen Mitschüler. Diese Einstellung half mir sehr oft weiter auf meinem Weg in eine für mich gute Zukunft.

Eine meiner frühesten Erinnerungen an Deutschland möchte ich euch nicht vorenthalten, denn sie hat auch mit dem Ankommen in der Fremde zu tun: die eisige Kälte der Kühlregale in der Discounter-Filiale von Plus im ostbrandenburgischen Peitz. Allen, die nach den 2000er-Jahren geboren wurden, ist Plus vielleicht besser bekannt als Netto Marken-Discount, die letzte Plus-Filiale wurde im Jahr 2010 geschlossen. Ich hatte in meinem Leben noch nie so einen großen bunten Lebensmitteleinzelhandel gesehen wie diesen Plus, der bis heute nicht aus meiner Erinnerung verschwindet. Wie konnte es auch anders sein? Ich kam in den 1990er-Jahren aus einer kleinen ukrainischen Bergarbeiterstadt, wo es keine fünf Sorten Butter, 15 Sorten Käse und sieben unterschiedliche Sorten Ketchup gab. Auch das mühsame Erlernen der Mülltrennung, die Nachtruhe ab 22:00 Uhr sowie eine Heizung, die in den Wintermonaten nicht automatisch läuft und selbstständig reguliert werden kann, waren neue Erkenntnisse über das Land, in dem ich nun lebte.

Dass es in Deutschland eine funktionierende Heizung gab, war ein wirklicher großer Luxus. Im Donbass der 1990er-Jahre passierte mit dem örtlichen Heizwerk ungefähr das gleiche unerwartete Ereignis, das jährlich bei der Deutschen Bahn Einzug hielt: der Wintereinbruch. So kam es zu Ausfällen und dauerhaften Problemen beim Heizen. Was mich noch mehr faszinierte, ihr merkt es, war diese Kälte der großen Kühlschränke, die ich so zuvor nicht gespürt hatte. Ich verstand nicht, wie es draußen sehr heiß sein konnte, während in den Märkten eine für mich eisige Kälte herrschte. In der Ukraine gab es zu dieser Zeit weder große Discounter noch so geräumige Kühlschränke geschweige denn Klimaanlagen. Kalt war es jedoch nicht nur bei Plus; auch an die Kälte der deutschen Menschen mussten wir uns schnell gewöhnen. Etwas mehr Emotionalität würde den Deutschen nicht schaden, so empfanden wir es damals. In den ersten Jahren fühlte es sich für uns sehr »deutsch in Kaltland« an – wie die Punkband Toxoplasma herausschrie –, was nichts anderes bedeutete, als nach und nach in einer neuen Gesellschaft anzukommen.

2.

Erste Schritte – Integration und Identitätsfindung

Der erste Schritt ist immer der schwerste, besonders wenn es um die erfolgreiche Integration in ein neues Land geht. Sobald aber dieses komplizierte Unterfangen gelungen ist, bekommt eine eingewanderte Person nach und nach den Durchblick, wie die Dinge funktionieren und was definitiv nicht geht. Sie beginnt sich in der neuen Umgebung einzugewöhnen, fühlt sich sicherer und wagt die ersten Schritte im neuen Leben. Nach über fünf Jahren wurde beispielweise meinen Eltern die bis gestern noch zum Lachen unverständliche deutsche Sprache spürbar vertrauter und verständlicher. Sie fingen an, erste Redewendungen, Sprüche und Humor zu erkennen und sogar selbst einzusetzen. Deutsches Fernsehen, vor allem »Wetten, dass …?«, die Kult-Sendung mit Thomas Gottschalk, gehörte zum Abendprogramm dazu, auch Stefan Raabs »TV Total« und Heidi Klums »Germany's Next Topmodel« weckten lebhaftes Interesse.

Meine Mutter und mein Vater sind bis heute treue Anhänger der Sendung »Das perfekte Dinner« auf VOX. Dort wird auch gezeigt, wie in Deutschland Gäste aufgenommen werden, welche Bräuche eine Rolle spielen und, vor allem, worauf beim Essen geachtet werden muss. Die Macher der Sendung haben sicherlich diesen Integrationseffekt nicht mitgedacht, aber aus Erfahrung kann ich sagen, dass sie die Integration meiner Eltern stark förderte. Selbst meine Großmutter Klawdia schaute damals gerne die Kochsendungen des Fernsehmoderators Alfred Biolek, der sie äußerlich an ihren verstorbenen Bruder Peter erinnerte. Nicht nur Liebe geht durch den Magen ...

Unsere ersten Urlaube nach der Einwanderung beschleunigten die Integration noch einmal. Unsere Verbundenheit mit Deutschland wuchs deutlich und wir empfanden große Freude, als wir im Ausland auf deutsche Touristen trafen. Es fühlte sich irgendwie nach Heimat an, Landsleute zu treffen. Deutsche waren uns nun nicht mehr fremd, wie sie es noch kurz nach unserer Ankunft in der Brandenburger Provinz gewesen waren. Gerade im Ausland merkte auch ich verstärkt, wie sehr mir doch die deutsche Ordnung, das gute Verkehrsnetz und die Pünktlichkeit als Tugenden fehlten. Das war zumindest in den frühen 2000er-Jahren der Fall.

Unsere ersten Jahre in Deutschland hinterließen bei meinen Eltern rasch einen bleibenden Eindruck. So gingen sie einer der beliebtesten Beschäftigungen der Deutschen nach: über Hotels meckern, dazu Bewertungen auf Portalen schreiben und sich die Bewertungen anderer durchlesen. Deutsche Touristen sind ausgezeichnete Beobachter und entdecken tatsächlich jedes Detail, selbst wenn es noch so klein und eigentlich unbedeutend ist. Eine Reise zu buchen war damals, zu Zeiten der real existierenden Reisebüros, noch sehr aufregend. Ich liebte es als Kind, in diesen mit Palmen, Sonnenschirmen und Flugzeugen beklebten Räumen zu sitzen und darüber zu sprechen, wie die Vollpension in Griechenland sich von der in der Türkei unterscheidet und wie hoch der deutsche Touristenanteil auf Mallorca ist. Mallorca, liebevoll »Mallediven« genannt und oft als 17. Bundesland betrachtet, begeisterte meine Eltern mit seinen zahlreichen deutschen Schildern und Speisekarten, die sie dort entdeckten. Unser Besuch der spanischen Insel nur wenige Jahre nach unserer Ankunft in Deutschland wurde zu einem Spiegel unserer fortschreitenden Integration.

Stichwort Sichtbarkeit: Es gibt ein legendäres Foto von meinem ersten Urlaub auf Mallorca, bei dem ich elf Jahre alt war. Darauf trage ich Socken in Sandalen – ein typisches Zeichen meiner Zugehörigkeit zur deutschen Touristenkaste.

Bei einem Ausflug mit einem kleinen U-Boot, bei dem wir die Korallenriffe Mallorcas sichteten, begegneten wir ausgerechnet dem Halbbruder des damaligen Bundeskanzlers Gerhard Schröder, der vor Ort arbeitete. Er soll viele Jahre zuvor arbeitslos gewesen sein. Mein Vater sagte diesbezüglich folgende prägende Worte zu mir: »Wie sollen wir einen Job in Deutschland finden, wenn sogar der Bruder des Kanzlers so viele Jahre arbeitslos war? Allerdings ist Deutschland eine echte Demokratie. Hier ist es nämlich möglich, einen nahen Verwandten des Regierungschefs zu treffen, der mit einer Touristenattraktion sein Geld verdient.«

Ein weiteres Indiz für die fortschreitende Integration meiner Familie zeigte sich bei den Olympischen Spielen in Athen 2004, also sechs Jahre nach unserer Ankunft in Deutschland. Ich bemerkte, wie wir gemeinsam nicht nur für die Sportlerinnen und Sportler aus der ehemaligen Sowjetunion, sondern auch für die deutschen Athleten ein Herz hatten. Wir freuten uns über goldene Medaillen für Deutschland, auch wenn bei der Nationalhymne keiner von uns aufstand, geschweige denn den Text kannte. Ich musste meinen Eltern damals erklären, dass es sich hierbei um die dritte Strophe des »Liedes der Deutschen« aus dem Jahr 1841 handelt und nichts mit der Vereinnahmung durch den Nationalsozialismus zu tun hat.

Wieso erklärt ein 13-jähiger Junge seinen Eltern, was es mit der Hymne auf sich hat? Nun, ich teile das Schicksal von vielen »Migrantenkindern«, etwas früher erwachsen geworden zu sein und wegen der besseren deutschen Sprachkenntnisse oftmals bei bürokratischen Angelegenheiten mitgeholfen und viele bedeutende Entscheidungen sogar mitgetragen zu haben. Sehr häufig schrieb ich für meine Eltern Briefe an Behörden und Bewerbungsschreiben oder tätigte Telefonate. Mir wurde die Verantwortung übergeben und ich nahm sie gerne an. Das dies gleichaltrige Deutsche nicht machten, war mir zu dem Zeitpunkt nicht klar. Ich hielt es für selbstverständlich, die Eltern zu unterstützen. Zu unserer Verwunderung offenbarten uns deutsche Nachbarn, dass sie trotz Deutsch als Muttersprache ebenso die kompliziert formulierten und verklausulierten Sätze aus den Ämtern nicht verstanden.

So hatte ich auch wie kein anderer aus meiner Schulklasse Ahnung davon, was die Hartz-Kommission dem Bundeskanzler Gerhard Schröder empfahl, und vor allem, wie es praktisch umgesetzt wurde. Die Zusammenlegung von Arbeitslosenhilfe und Sozialhilfe zur Grundsicherung, das Sozialgesetzbuch I und II sowie Sanktionen des Jobcenters waren nicht nur Begriffe aus der »Tagesschau«, sondern die Realität, in der sich meine Familie und ich unmittelbar befanden.

Deutschland zu verstehen bedeutet, die Auswüchse der Verwaltung und Bürokratie zu verinnerlichen. Dazu gehört auch, für einen Haushalt unzählige Aktenordner anzulegen. Meinen Eltern wurde am ersten Tag nach der Ankunft in Deutschland empfohlen, sich nicht nur einen Anwalt zu nehmen, sondern alle Unterlagen zu archivieren und sämtliche Informationen ordentlich zu notieren. So sammelten sie als frischgebackene Einwohner Telekom-Rechnungen, Werbebriefe, ernste Briefe von Behörden und alle möglichen Zeugnisse. So entstand mit den Jahren im Schrank meiner Eltern ein eigenes kleines Bürokratiemonster. Wie wichtig tatsächlich der Inhaltsgehalt dieser Akten war, bleibt fraglich. Mein grün angehauchtes Herz sieht einen kleinen Wald, der für diese Amtsbriefe sterben musste.

Zum Verständnis der deutschen Mentalität gehört ebenso zu begreifen, wie nachbarschaftliche Verhältnisse funktionieren – vor allem sind sie distanziert. Diesen Eindruck teilen auch sehr viele Freunde aus anderen migrantischen Communitys. Es scheint unüblich zu sein, insbesondere in Großstädten, enge nachbarschaftliche Verhältnisse zu pflegen, wie wir es aus der ukrainischen Kleinstadt kannten. Dort waren die Nachbarn eine Ersatzfamilie – ganz nach dem Motto »Verwandte sind fern, Nachbarn immer da«. Das ist laut der Studie »Sozialer Zusammenhalt – Kitt in Kommunen, Nachbarschaft und Familie« der Bertelsmann-Stiftung aus dem Jahr 2017 auf dem Land in Deutschland auch nicht anders, da Menschen hier deutlich stärker aufeinander angewiesen sind als etwa in der Single-Metropole Berlin. Wir teilten mit unseren Nachbarn in der Ukraine von Eiern und Milch über Klamotten und das Telefon einfach alles. Solch herzliche Menschen waren zum Beispiel die Familie Shutov, die uns mit Rat und Tat zur Seite stand. Wir schickten ihnen noch viele Jahre später Hilfspakete in die Ukraine als Zeichen unserer Dankbarkeit.

Leider wurde die Anziehung zur alten Heimat immer geringer. Es bestand eine zu große Erwartungshaltung gegenüber Ausgewanderten seitens ehemaliger Freunde und Nachbarn. Für die Menschen in der Ukraine schien Deutschland zum Ende der 1990er-Jahre ein Land von 83 Millionen Milliardären zu sein. Dementsprechend glaubte man, dass wir nicht in Flüchtlingsunterkünften und Sozialamtswohnungen lebten, sondern im Schloss Bellevue. Die Telefonate in die alte Heimat wurden immer rauer. Die Nabelschnur zur Ukraine begann sich weiter aufzulösen.

Mir sind auch viele Fälle bekannt, in denen das so nicht geschah. Für manche Menschen aus der ehemaligen Sowjetunion, die nach Deutschland kamen, blieb ihr Herkunftsland stets der Lebensmittelpunkt. Sie hielten sich in beiden Realitäten auf. Ich würde mich nicht scheuen, dieses Phänomen bei russischsprachigen Eingewanderten als Parallelwelten zu bezeichnen. Hier bewegen sich hauptsächlich erwachsene Menschen in ihren Sechzigern, die in der Sowjetunion komplett sozialisiert wurden. Sie sehnen sich nach den alten und für sie gut verständlichen Zeiten, als sie in der Kolchose oder im Betrieb für wenig Geld viel arbeiten mussten und glaubten, sie würden ein gutes Leben führen. Solche nostalgischen Menschen traf ich auch in Ostdeutschland. Dabei handelt es sich um diejenigen, die im neuen bundesdeutschen System nach der Wiedervereinigung nicht richtig angekommen sind oder wirtschaftlich abgehängt wurden. Sie schauen mit Wehmut auf die Zeit des real existierenden Sozialismus auf deutschem Boden zurück.

In der DDR schienen die Verhältnisse klar zu sein. Wer weitestgehend systemtreu war und sich politisch neutral verhielt, hatte keine Repressionen zu befürchten und konnte ein geregeltes, vielleicht sogar glückliches Leben führen. Die schrecklichen Dinge, wie das Stasi-Gefängnis in Bautzen, Mauertote und der diktatorische SED-Apparat, konnten dezent ausgeblendet werden. Die Fähigkeit der Menschen, in derartigen politischen Systemen über Dinge hinwegzusehen, die falsch oder verbrecherisch sind, ist erstaunlich und lässt sich auch in modernen Diktaturen wie Russland, Iran oder Nordkorea beobachten.

Wenn ich heute durch Deutschland reise und unterwegs mit Menschen spreche, merke ich, dass sich viele klare Verhältnisse wünschen. Die Komplexität und die Widersprüche unserer heutigen Welt und vor allem die Unsicherheiten des Daseins befördern Ängste, was dazu führt, dass die sogenannten guten, alten Zeiten romantisiert werden. 1989 sprachen Millionen DDR-Bürgerinnen und -Bürger in Ost-Berlin, Leipzig, Halle und Dresden eine andere Sprache, sie wollten das SED-Regime abschaffen. Dieser weitestgehend friedliche Volksaufstand verdient auch heute meiner Meinung nach höchste Achtung.

Probleme in Kindheit und Jugend

Integrationsprobleme betreffen nicht nur Migranten im höheren Alter, die in Deutschland und seinem System nicht ankommen konnten, sondern auch migrantische Jugendliche, die nur ein wenig später hier eintrafen als ich. Ihnen gelang die Integration über die Jahre nicht. Sie blieben auf der Strecke und entwickelten sich nicht weiter oder sogar zurück. Mit dem Alter füllt sich das Glas der Erfahrungen eines jeden Menschen. Es gibt immer weniger Platz für Neues. Das gilt insbesondere in Zusammenhang mit der Integration. Mein Rabbi sieht das ähnlich und überträgt dies, klugerweise, wie ich finde, auf das Thema Hochzeit. Am besten, so meint er, sollte man früh heiraten, da sich der Charakter mit zunehmendem Alter verhärtet.

Ich hatte das große Glück, mit sieben Jahren nach Deutschland zu kommen und in einem natürlichen Prozess in die hiesige Gesellschaft hineinzuwachsen. Mit sieben Jahren war ich wohl ein leeres Glas, das mit neuer Identität gefüllt werden konnte. Allerdings würde ich lügen, wenn ich sagte, ich hätte mich von Anfang an in Deutschland wohlgefühlt. In den ersten Jahren verstand ich überhaupt nicht, was ich hier eigentlich verloren hatte und wieso ich aus meinem ukrainischen Freundeskreis herausgerissen worden war. Ich litt stark darunter.

Auch muss ich offen und ehrlich zugeben, dass mein späterer Bildungsweg nicht von Beginn an vorgezeichnet war. Zwar betonten meine Eltern stets, dass Bildung der Schlüssel zum Erfolg sei, doch wie es bei Kindern und Jugendlichen oft der Fall ist, wollte auch ich meine eigenen Erfahrungen machen und Fehler begehen. Ich wollte selbst herausfinden, wo mein Platz als kleiner Junge aus der Ukraine im großen Deutschland war.

Die ersten Jahre konnte ich mich in Deutschland nicht zurechtfinden. Das lag auch daran, dass ich kaum richtige Freundschaften schließen konnte und mich einsam fühlte. Ich teilte kaum die Interessen Gleichaltriger. Ich konnte auch nichts mit ihren Problemen anfangen, zum Beispiel wenn sie über das Erscheinungsdatum eines neuen Playstation-Spiels sprachen. Öfters hatte ich das Gefühl, zu spät zu einer Clique dazuzukommen. Dies lag vor allem daran, dass ich in den ersten fünf Jahren dreimal die Schule wechselte und mich mit jedem Umzug wieder in die Gruppen vor Ort integrieren musste. Jedes Mal als Neuer in eine Klasse oder auf den Spielplatz zu kommen, war sehr belastend.

Vermutlich entwickelte sich genau zu der Zeit meine Verlustangst. Das ist laut Kinderpsychologie sehr typisch für junge Menschen mit vielen Umzügen und Schulwechseln. Jede soziale Bindung, die entsteht, wird als übermäßig wertvoll betrachtet, sodass die Angst, aufgebaute Beziehungen zu verlieren, unermesslich groß und zum Teil irrational wird. Leider haben mir meine Eltern damals diese Angst nicht genommen, sondern sogar befördert, indem sie darauf drangen, dass ich um jeden Preis feste Kontakte und Freundschaften aufbauen sollte. Es dauerte viele Jahre, bis ich lernte, an meine eigenen sozialen Fähigkeiten zu glauben und mich von der Verlustangst zu befreien. Vermutlich wird es mir nicht gelingen, sie komplett loszuwerden, auch wenn ich auf tiefenpsychologischer Ebene die Ursache dafür kenne.

Ähnliches höre ich häufig von anderen Menschen mit Migrationshintergrund. Sie fühlten sich als Kinder einsam und fremd, wurden von gleichaltrigen Deutschen gemobbt, ausgeschlossen und gehänselt. Junge Menschen sind bekanntlich härter im Umgang mit ihresgleichen, da sie noch nicht die volle Empathie und das Verständnis für die Gefühle und Bedürfnisse anderer entwickelt haben. Ihnen fällt es schwer, sich in die Perspektive oder Gefühlslage anderer einzufühlen. Wir dürfen auch nicht vergessen, dass Kinder ihr Verhalten durch Beobachtung erlernen. Wenn sie sehen, dass Erwachsene aus ihrem Umfeld, zum Beispiel ihre Eltern, respektlos oder herablassend über geflüchtete Menschen reden, werden sie es ihnen einfach nachmachen.

Über die traurigen Erfahrungen wundere ich mich nicht. Zu Beginn der 2000er-Jahre war Deutschland noch weit davon entfernt, sich als Einwanderungsland mit einer offenen Gesellschaft zu begreifen. Heute verändert sich dies nach und nach. Die Flüchtlingswelle nach den Kriegen im Balkan löste eine Reihe von Spannungen und fremdenfeindlichen Reaktionen aus. Die damals entstandenen Feindbilder – Schmarotzertum und Sozialtourismus – wurden durch wirtschaftliche Unsicherheiten verstärkt. Im Innenhof des Berliner Hauses, wo wir als Familie wohnten, spiegelten sich die sozialen und gesellschaftlichen Zustände wider. Es gab zu der Zeit keine echte Trennung zwischen den russischen, ukrainischen, türkischen, kurdischen, bosnischen oder arabischen Hintergründen von uns Jugendlichen. Uns verband die migrantische Herkunft, die uns gleichzeitig von den deutschen Kindern trennte. Nicht selten ergaben sich merkwürdige Allianzen zwischen den unterschiedlichen migrantischen Gruppen. Das waren meine ersten und durchaus positiven Begegnungen mit Menschen anderer Nationalitäten in Deutschland.

Ich war damals weder auf der kriminellen Schiene, noch neigte ich zu Schlägereien, heftigen Auseinandersetzungen oder sonst einem großen Mist, den Kinder und Jugendliche in dem Alter gerne machen, wenn sie unzufrieden oder auf Identitätssuche sind. Auch Drogen und Zigaretten fand ich nicht sonderlich interessant. Ich rebellierte nicht und war auch nicht aus Protest Teil einer Subgruppe. Was ich aber sehr wohl fühlte, war die starke Fremdheit. Ich war eben neu und nicht so wie die deutschen Kinder. Im türkischstämmigen Nachbarsjungen sah ich viel eher meinesgleichen, weil er verstand, was es bedeutete, die Sprache nicht vollkommen zu sprechen und dass die Eltern um jeden Euro bangten und nicht selten schlechte Jobs annahmen. Diese Zeit kann ich im Nachgang eher als düster und womöglich etwas chaotisch bezeichnen. Zwar waren meine Schulnoten befriedigend, jedoch weit entfernt von dem Grundsatz meines Vaters, immer besser als die Deutschen sein zu müssen. Ich dümpelte so vor mich hin und hatte noch keinen wirklichen Halt in meinem neuen deutschen Leben gefunden.

Der wahre Anfang meiner deutschen Geschichte

Wenige Jahre nach der Ankunft in Deutschland stand ich an einen Scheideweg. Mir war klar geworden, dass eine Veränderung nötig war. Doch ich wusste weder, was genau anders sein sollte, noch, wie ich an diese Sache herangehen könnte. Trotzdem war mir bewusst, dass ich handeln und meine Situation grundlegend verändern musste – eine Situation, wie sie viele auch aus ihrem Erwachsenenleben kennen. Als ich im Jahr 2011 meinen Master in Verwaltungswissenschaften an der für das Fachgebiet renommierten Universität Potsdam erhielt, erinnerte ich mich unwillkürlich an diese Zeit zurück – und vor allem daran, was meine damalige Grundschulklassenlehrerin gesagt hatte, als ich in der vierten Klasse gewesen war: »Mihail wird niemals eine gymnasiale Empfehlung kriegen, geschweige denn das Abitur. Ein Studium ist ausgeschlossen. Er muss in eine Gesamtschule und vielleicht kann er dann unter größter Mühe zu einer Realschule wechseln, um eine Berufsausbildung zu machen. Der packt's nicht.«

Dieser Satz blieb mir als Schlüsselmoment in Erinnerung. Er rief bei mir Widerstand hervor und motivierte mich dazu, mein 08/15-Mindset für mein Leben nachhaltig zu ändern. Aus der Pflicht, gute Noten zu bekommen, weil es meine Eltern mir einredeten, entwickelte sich ein eigenes Prinzip, hervorragende schulische Leistungen zu erbringen. Ich fing an, aus meinen Schwächen Stärken zu machen und an meinen sozialen und kommunikativen Fähigkeiten zu arbeiten. So wuchs und erstarkte ich mental jeden Tag mehr und mehr und begriff dennoch, dass es ein langer Weg von der vierten Grundschulklasse zum Master an einer Universität sein würde. Von da an hatte ich ein Ziel, das ich nie mehr aus den Augen verlor.

In mir erwachte eine unglaublich tiefe Lust, eigenständig aus den sozial schwachen Verhältnissen, in denen wir damals als Neuankömmlinge lebten, hinauszukommen und den Kindern, die mich als Fremden sahen, Paroli zu bieten. Ich wollte mehr über Deutschland wissen, als sich Deutsche ausdenken konnten. Ich wollte mehr über die Geschichte, Literatur, Essgewohnheiten, Dialekte und Unterschiede zwischen dem katholischen und dem evangelischen Glauben wissen. Ich wollte nicht nur Deutschland verstehen, sondern ein besserer Deutscher werden. Das war wohl der wahre Anfang meiner deutschen Geschichte.

Meine Eltern förderten mich intensiv, um meinen Willen zum Lernen noch zu verstärken. Sie organisierten Nachhilfeunterricht in Englisch und Deutsch sowie in Mathematik. Langsam, aber sicher wurde ich zu einem der leistungsstärksten Schüler in meiner Klasse und im Jahrgang. Vielleicht muss ich mich bei der Lehrerin bedanken, die nicht an mich glaubte. Ich habe aus ihrer Äußerung meine richtigen Schlüsse gezogen. Das war ein entscheidender Moment, in dem sich alles für mich veränderte. Heute, fast zwei Jahrzehnte später, weiß ich ehrlich nicht, wo ich wäre, wenn es diesen Funken nicht gegeben hätte.

Anfangs gab es bei uns zu Hause kein russisches oder ukrainisches Fernsehen, denn meine Eltern waren der Überzeugung, dass ich Deutsch lernen musste. Trotz meiner großen Integrationsfortschritte war es ihnen jedoch wichtig, dass ich meine Kultur und Herkunft nie vergessen würde. So wollten sie später, als ich begann, deutscher als die Bahn zu werden, dass ich mich auch mit meiner ursprünglichen Sprache, Literatur und Kultur beschäftigte. Sie montierten eine große Satellitenschüssel, damit wir russisches Fernsehen empfangen konnten. Dort war zwar tagein, tagaus Wladimir Putins Propaganda zu hören, doch meine Muttersprachenkenntnisse konnte ich auf diesem Weg weiterentwickeln.

Ich hatte das Vergnügen, in der deutschen und der russischsprachigen Welt aufzuwachsen. Das bedeutete, dass ich beide gut kannte und mich darin zurechtfand. Glücklicherweise musste ich mich nicht für eine entscheiden: Deutschland war für mich der Mittelpunkt meines Lebens und die postsowjetische Kultur ein wertvoller Zusatz. Ich hatte mich von dem Hass auf Homosexuelle und dem strikten Festhalten an traditionellen Werten, wie sie im russischen Staatsfernsehen täglich verbreitet wurden, gelöst. Mein neues Wissen half mir später im politischen Leben sogar dabei, die russische Propaganda noch besser zu entlarven.

Mein Durchbruch mit START und Stipendium

Ich hatte mich entschieden: für meine Weiterentwicklung. Und so schaffte ich es aufs Gymnasium. Meine Klassenlehrerin dort empfahl mir, mich beim START-Programm der Hertie-Stiftung zu bewerben, einem Stipendienprogramm, das bis heute begabte Jugendliche mit Migrationshintergrund unterstützt und empowert. Die Förderung umfasste damals kostenlose Seminare und Vorträge, eine Computerausstattung und eine monatliche Auszahlung von 100 Euro. Zunächst war ich skeptisch. War ich wirklich begabt genug? Würde ich in dieses Programm passen? Wie sollte ich meine Leistungen verbessern? Welche Verantwortung wäre mit dem Stipendium verbunden?

Meine Gymnasiallehrerin bestand darauf, dass ich es versuchen sollte. Zum ersten Mal glaubte jemand außerhalb meiner Familie an mich. So bewarb ich mich und durchlief das Auswahlverfahren, das aus einer schriftlichen Bewerbung und einem persönlichen Gespräch bestand. Ich erinnere mich, dass mein Bericht darüber, dass ich als Klassensprecher die Vertrauensfrage gestellt hatte und im Amt bestätigt worden war, vor der Auswahlkommission für Erheiterung und Bewunderung sorgte. Ich hatte dies nach dem Vorbild des Bundeskanzlers Gerhard Schröders getan. Ebenso war natürlich ein großes Thema, wie ich meine bisherige Zeit in Deutschland sah und wieso gerade ich Stipendiat dieser renommierten Stiftung werden sollte.

Als ich die Zusage erhielt, konnte ich es kaum glauben. Ich fühlte eine Welle der Erleichterung und tiefe Freude. Dies war die Chance, die ich damals brauchte, und ich nahm sie an. So konnte ich wahrhaftig durchstarten zu einem möglichen Erfolg in Deutschland. Die ersten 100 Euro auf dem Konto und die Computerausstattung zeigten mir eindrucksvoll, dass mein Wille und die Motivationsansprachen meiner Eltern mich dahin geführt hatten, wo ich hinwollte. Mein Vater sagte daraufhin sarkastisch zu mir: »Du kannst mit deinem Kopf Geld verdienen. Körperlich bist du nicht besonders robust ausgestattet.« Ja, es fühlte sich wirklich gut an, ein Teil des Förderprogramms zu sein und zu einer besonderen Gemeinschaft zu gehören. Es war inspirierend, mit anderen Stipendiaten zu tun zu haben, die aus verschiedenen Ländern kamen und ähnliche oder sogar deutlich schlimmere Herausforderungen als ich bewältigt hatten. Wir waren alle unterschiedlich, aber eines verband uns: der Wunsch nach Bildung und einer besseren Zukunft in Deutschland.

Ich kann mich noch sehr gut an mein erstes Jahrestreffen in Kassel erinnern. Hier bestand die Möglichkeit, junge Menschen aus dem gesamten Bundesgebiet zu treffen und miteinander ins Gespräch zu kommen. Mich beeindruckte besonders der repräsentative Charakter dieser Veranstaltungen. Alle, die teilnahmen, trugen schöne Anzüge und Kleider. Es gab feines Essen und natürlich motivierende Speakerinnen und Speaker. Für einen Jungen, der sich noch vor wenigen Jahren in Flüchtlingsunterkünften aufhielt, war das ein ganz anderes Deutschland – wie aus dem Bilderbuch. Auch der damalige Innenminister Otto Schily hielt dort eine Rede und erklärte die zentrale Erwartung an uns, die zusammengefasst »Fördern und Fordern« hieß. Er skizzierte die Bedeutung des Programms für unseren angemessenen Start in ein bildungsstarkes Leben und natürlich auch die Forderungen, die damit einhergehen, wenn wir zu einem leistungsfähigen Teil der Gesellschaft werden wollten.

Diese Zeit und diese Rede habe ich im Nachgang oft reflektiert und mich gefragt, welche Intention dahintersteckte. Sollten wir zu Vorzeigemigranten erzogen werden? War das vielleicht ein wichtiger Baustein des »German Dreams«? Waren wir ein lebendiger Gegenbeweis zur »German Angst« vor Migration? Bis heute habe ich darauf keine zufriedenstellende Antwort gefunden. Das damalige START-Programm, heute eine eigenständige Stiftung, war ein Eliteprojekt, das durch uns Stipendiaten auch in die eigenen Communitys hineinwirken sollte. Wir hatten demnach eine Vorbildfunktion. Ich denke, dass wir diese Vorstellung als kleine Botschafter auch erfolgreich erfüllten.

Auf jeden Fall war diese Erfahrung der Auftakt dazu, meinen persönlichen »German Dream« zu entwerfen. Er stand für meine Hoffnung und meinen Glauben, dass ich in Deutschland durch harte Arbeit, Bildung, einen Universitätsabschluss und viel gesellschaftliches Engagement erfolgreich werden könnte. Ähnlich wie der »American Dream« war er für mich eine Vision von sozialem Aufstieg und persönlicher Verwirklichung. START hat mich stark beeindruckt und mir eine echte Alternative zu meiner migrantischen Realität in Deutschland aufgezeigt. Ich gehörte zu den Hunderten jungen, talentierten und engagierten Menschen mit Migrationshintergrund, die alles daransetzten, selbstbewusste und selbstbestimmte mündige Bürger in ihrer neuen deutschen Heimat zu werden.

Manche Geschichten von am Programm Teilnehmenden waren unglaublich traurig und kaum zu glauben. Ich traf Jugendliche, die eine beeindruckende Fluchtgeschichte zu erzählen hatten. Im Vergleich dazu erschien mir meine Zeit in Deutschland mit zwei Aufenthalten in Flüchtlingsunterkünften fast wie das Paradies. Bei einer Abschiedsfeier im Rahmen von START war eine vietnamesische Stipendiatin namens Hien anwesend; sie erzählte ihre eindrucksvolle Geschichte, die mich bis heute stark berührt.

Ihre Familie hatte einen befristeten Aufenthaltstitel. Dieser ermöglichte es nach Deutschland eingereisten Menschen, für einen bestimmten Zeitraum und zu einem spezifischen Zweck wie Studium oder Arbeit hier zu leben und zu bleiben. Diese Erlaubnis kann unter bestimmten Bedingungen verlängert werden, muss jedoch regelmäßig erneuert oder neu beantragt werden, was in der Praxis mit einem permanenten Gefühl von Angst und Unsicherheit einhergeht. Hien ging unter diesen Bedingungen zur Schule und bekam sehr gute Noten, dann stand sie kurz vor dem Abitur. Ihre Eltern hatten sich in den Arbeitsmarkt integriert und nach zehn Jahren ein erfolgreiches Leben in Deutschland aufgebaut. Die Stabilität endete, als die Familie einen Brief vom Bundesamt für Migration und Flüchtlinge bekam. Dort stand die Anweisung, dass sie Deutschland innerhalb von 48 Stunden verlassen sollten, sie würden samt Koffern nach Vietnam abgeschoben. Die befristete Aufenthaltserlaubnis wurde ohne weitere Begründung nach zehn Jahren nicht verlängert.

Ohne an dieser Stelle den rechtlichen Charakter einer derartigen Abschiebung und die Ermessensspielräume der Angestellten in den Behörden zu beurteilen – auf menschlicher Ebene war dies eine Tragödie für die Familie und für Hien. Sie war auf dem Weg, sich ihren »German Dream« zu erfüllen, als ihr Leben in Deutschland brutal zerstört wurde. Unter Tränen erzählte sie, wie ihre Eltern tatsächlich ausreisen mussten. Jedoch gibt es in dieser Welt anständige und hilfsbereite Menschen. Hien konnte in Deutschland bleiben, nachdem deutsche Pflegeeltern sie im Eilverfahren adoptiert hatten. Sie machte ihr Abitur mit Bravour und studierte Medizin an der Charité in Berlin. Heute hilft sie verletzten und kranken Menschen und rettet Leben.

Ein aus Afghanistan stammender Stipendiat aus Sachsen erzählte mir in feinstem Sächsisch, wie er in einem Dorf bei Dresden im Supermarkt gefragt worden war, ob er mit seiner Hautfarbe denn überhaupt Geld hätte, um einzukaufen. Er antwortete dem Verkäufer mit einem nüchternen »No«, dem Dialekt nach also mit einem »Ja«. Das war gewöhnlicher Alltagsrassismus, der erschreckenderweise, aber eindeutig zum Deutschland der 2000er-Jahre dazugehörte. Auch dieser junge Mann machte ein erfolgreiches Abitur und studierte Maschinenbau in Darmstadt. »Sächsisch Dream« eben.

Eine alevitische Stipendiatin aus meinem START-Jahrgang wurde Stadträtin in Lichtenberg, ein türkischer Stipendiat Manager für den Frankfurter Flughafen und ein moldawischer Stipendiat Anwalt. Ich könnte noch unzählige weitere Erfolgsgeschichten erzählen, die tausend- und millionenfach in Deutschland hätten stattfinden können. Vieles hätte sich anders entwickelt, wenn zum richtigen Zeitpunkt mehr Menschen wie uns damals bei START echte Chancen geboten worden wären. Ich habe viele Biografien von Stipendiaten verfolgt, die trotz der »German Angst« vor dem Anderssein eine erfolgreiche Karriere machten und unsere Gesellschaft mit ihren Kompetenzen bereichern. »German Angst« ist ein lähmendes Gefühl in diesem Land, das sich mehr mit Problemen und Risiken beschäftigt als mit Lösungen und Chancen, die in Menschen stecken.

Als Begriff beschreibt »German Angst« eine tief verwurzelte Sorge und Zurückhaltung angesichts Veränderungen und Risiken, was sich vermutlich aus der deutschen Geschichte speist. Für gewöhnlich wird sie auf die traumatische erste Hälfte des 20. Jahrhunderts zurückgeführt: Erster Weltkrieg, danach die große Inflation und dann der Zweite Weltkrieg. Als Migrant interpretierte ich dieses Gefühl als sorgfältige und bedachte Herangehensweise an neue Situationen, um daraus zu lernen. Ich muss aber auch zugeben, dass es oft bei der Verwirklichung meiner Träume nervte, weil es Ideen im Keim erstickte und bei der Umsetzung störte.

Zur Wahrheit über privilegierte Projekte wie das START-Programm gehört aber auch, dass nicht jeder, der in Deutschland eingewandert ist, ein derartiges Stipendium und eine starke Förderung bekommen kann und will. Doch auch wenige Vorbilder schaffen weitere Vorbilder. Gerade in bildungsfernen Haushalten können sich starke Synergien ergeben. Jüngere Kinder machen gerne nach, was ihre älteren Geschwister tun, und das Abitur ist schon mal ein guter Anfang. Für viele Eltern von Stipendiaten aus dem Nahen Osten oder afrikanischen Ländern war das Abitur ihres Kindes ein wirklich großer Erfolg. Einige von ihnen mussten für ihre eigene Bildung täglich bis zu 30 Kilometer gehen, um zu ihrer Schule zu gelangen. Bildung ist ein großes Privileg und das begriff ich erstmalig beim Förderprogramm.

Ich bekam also unter anderem durch START ein Ziel, einen Platz und vor allem die Chance, etwas aus mir zu machen und durch Bildung zum Erfolg zu gelangen. Dabei halfen mir auch die Workshops zu verschiedenen Themen wie Rhetorik, Debattieren und Schreiben. Sie gaben mir Impulse und Wissen, um meine damals aktuellen Kommunikationsfähigkeiten zu verbessern und mich persönlich weiterzuentwickeln. Und das wiederum stärkte mein Selbstbewusstsein nach den unsicheren Jahren in Angst. Ohne dieses Programm hätte ich nicht so sehr wachsen können in Deutschland, bis heute bin ich dafür aufrichtig dankbar. Ich wusste, was es bedeutete, ein Stipendiat zu sein und die entsprechende Verantwortung zu übernehmen. Mit meinem ersten Semester an der Universität Potsdam wurde ich zum zweiten Mal Stipendiat, und zwar der gewerkschaftsnahen Hans-Böckler-Stiftung. Diese in meinen Augen ausgezeichnete Organisation unterstützte mich materiell und ideell fünf Jahre lang, auch dank der damit verbundenen Vorgaben kam ich in der Regelstudienzeit durch.

Vier Prozent der deutschen Studenten und Studentinnen erhalten über verschiedene Förderprogramme ein Stipendium. Davon haben etwa 25 bis 35 Prozent einen Migrationshintergrund. Das sind definitiv zu wenig, aus meiner Sicht müssen die Zahlen hier steigen. Denn damit eröffnen sich für Menschen aus ärmeren Verhältnissen Möglichkeiten und Chancen, die sie sonst nicht kriegen würden. Es gibt so viele unentdeckte Potenziale, die es im richtigen Moment zu fördern gilt. In diesem Punkt bin ich Deutschland uneingeschränkt dankbar und stelle nüchtern fest, dass ich nicht nur eine erstklassige Bildung erhielt, sondern zusätzlich eine ausreichende materielle Unterstützung bekam.

Ich traf später als Student in der Hans-Böckler-Stiftung einen Stipendiaten, der Teil einer kurdischen Großfamilie war. Er hatte sein Abitur mit 1,0 an einem Neuköllner Gymnasium gemacht und danach begonnen, Jura zu studieren. Es mag zynisch klingen, aber er war der Jahrgangsbeste im Strafrecht, da er die Paragrafen wegen der Anwendung auf seine im Gefängnis sitzenden Brüder kannte. Das Stipendium half ihm, diese Welt zu verlassen und nicht in die Kriminalität zu gehen. Ich sah in seinen Augen sehr viel Hoffnung.

Wer kann sagen, wo ich heute wäre, wenn mir in den entscheidenden Momenten meines Lebens niemand zur Seite gestanden hätte. Nicht alle Menschen sind stark, sie brauchen Unterstützung, insbesondere wenn sie in einem fremden Land leben. Sie werden diese Hilfe nicht vergessen. Ich bin überzeugt davon, dass sie es doppelt und dreifach zurückgeben werden. Zumindest versuche ich, das zu tun.

3.

Kulturelle Begegnungen und Konflikte – von Essen bis Auto

Essen und Trinken sind grundlegende menschliche Bedürfnisse, die zugleich ein Fenster in die kulturelle Vielfalt eines Landes öffnen. Daher werde ich mich mit der deutschen Esskultur und den kulinarischen Traditionen befassen, um Deutschland besser zu verstehen.

Auch scheinen Kleidung, Autos und Tiere auf den ersten Blick wenig miteinander zu tun zu haben. Doch sie bieten interessante Einblicke in die facettenreiche deutsche Mentalität. Selbstverständlich gibt es Missverständnisse und Konflikte im Alltagsleben, wenn es um so ein sensibles Thema wie Essen und das Lieblingsauto geht.

Von deutscher Ess- und Trinkkultur

Wer an gutes Essen denkt, kommt sicherlich nicht als Erstes auf Deutschland zu sprechen. Im Himmel wären Deutsche gut, wenn es um Mechanik geht, aber sicher nicht, wenn ausgezeichnete Kochkünste gefragt sind, so besagt ein alter Witz. Die Vorurteile gegenüber der deutschen Küche haben sich weltweit durchgesetzt. Wie ich finde, zu Unrecht: Nach 25 Jahren hierzulande kann ich getrost sagen, wie unfair die große, weite Welt mit dem Land der Dichter und Denker umgeht, wenn es um ihre kulinarische Landschaft geht. Aber auch ich brauchte meine Zeit, um mich hier kulinarisch zurechtzufinden.

Essen ist für mich mehr als lediglich Nahrungsaufnahme. Es sagt viel über die Traditionen, Kultur, Mentalität und natürlich auch Gesellschaft eines Landes aus. Wie versteht beispielsweise ein Mensch, der Deutschland besucht, wie eine Region oder ein Bundesland fühlen? Ganz einfach, indem er sich damit beschäftigt, wie dort gegessen und getrunken wird. Wer zum Beispiel an die feierfreudigen und heiteren Rheinländer denkt, wird an Kölsch nicht vorbeikommen. Die kühlen Hanseaten essen gerne Fischbrötchen, das spartanisch in unterschiedlichen Varianten nie mehr als drei Zutaten hat. Was wäre Bayern ohne seine sündhaft deftige Küche? Und wer bei einem Berlinbesuch keine Currywurst isst, hat die Stadt meiner Meinung nach nicht richtig kennengelernt.

Ich habe mir vorgenommen, mindestens ein Bier oder eine lokale beziehungsweise regionale Speise aus jedem Bundesland, am besten jeder Stadt, zu probieren. Das klingt sehr ambitioniert, ist aber durchaus möglich angesichts meiner vielen Dienstreisen in den letzten Jahren. Ich könnte einen kleinen kulinarischen Deutschlandatlas herausgeben. Ich habe durch das Probieren ungemein viel über dieses Land und seine Regionen gelernt und stehe hoffentlich erst am Anfang meiner genüsslichen Entdeckungsreise.

Das Gebiet von Aschkenas, dem Kernstück des europäischen Judentums, erstreckt sich auch auf das heutige Frankreich, was vielleicht eine Erklärung dafür ist, dass ich mit diesen Wurzeln zum Thema Essen einen ziemlich französischen Zugang habe. Ich probiere, esse und rede gerne darüber, so wie es in Frankreich üblich ist. Das kann durchaus auch mehrere Stunden dauern, da solche Gespräche bei mir stets positive Emotionen hervorrufen. In der rauen Welt, in der wir leben, sollten häufiger hitzige Debatten über Rezepte geführt werden, statt sich zu bekriegen.

Ich habe diese Idee schon einmal in die Tat umgesetzt, als ich mehrere Jahre für das türkisch-deutsche Stadtmagazin »Berlintürk« Restaurantkritiken schrieb. Dabei ging es für mich nicht nur um das Essen oder den Geschmack, sondern viel mehr um den interkulturellen Austausch. Ich besuchte die Restaurants zumeist türkischstämmiger Inhaber und lernte viel über die unglaublich große Vielfalt der Community. In dieser Zeit beschäftigte ich mich ausgiebig mit der Geschichte, Politik und Gesellschaft der Türkei, was maßgeblich an den Tastings lag. Dabei wurde ich mit der gesamten Palette an politischen Meinungen konfrontiert: Von überzeugten Kemalisten über gemäßigte liberale Alewiten bis hin zu konservativ denkenden, sehr gläubigen Mekka-Pilgern gab es alles. Doch alle verband die Gastfreundschaft. Ich lernte sie als Menschen schätzen und stärkte meine Begeisterung für türkisches Essen.

In Deutschland wird diese spannende Landesküche leider etwas beschränkt wahrgenommen, was vor allem am Döner liegt. In Wuppertal hörte ich die deutschestmögliche Bestellung dieses Gerichts: »Einmal Döner mit Sauerkraut und Kräuter bitte.« So hätte man auch eine Bratwurst bestellen können. Hier handelt es sich eindeutig um kulturelle Aneignung durch das dominante Volk gegenüber der Minderheitskultur, findet ihr nicht auch? Besonders belustigt bin ich, wenn ich in der Presse sehe, wie AfD-Anhänger und Neonazis mit einem Döner in der Hand erwischt werden. Wie verträgt sich das denn mit echter Vaterlandsliebe?

Jedenfalls gehört der Döner zu Deutschland, er ist ein Exportschlager auf der ganzen Welt. Berlin ist nicht nur die deutsche Hauptstadt, das Techno-Mekka, sondern auch der Ort mit dem bekanntesten Döner, für den man auch mal eine gute Stunde anstehen kann. Es ist ein nicht materielles Kulturgut und sollte vielleicht doch von der

UNESCO als Weltkulturerbe in Betracht gezogen werden. Als Berliner mache ich mir jedoch nicht die Mühe, mich ständig in Warteschlangen aufzuhalten. Ich gehe lieber in von mir geprüfte Stammlokale, wo die Wartezeit kürzer ist, der Döner wenig kostet und vor allem mir gut schmeckt.

Meine Heimatstadt Berlin fasziniert mich auch in gastronomischer Hinsicht. Doch eine Sache fehlt ihr: eine Kaffeehauskultur wie in Wien – und am Rande bemerkt eine hervorragende soziale Wohnungsbaupolitik. Eine Tageszeitung, ein exzellenter Kaffee mit einem Glas Wasser und ein herrschaftliches Ambiente, das ermöglicht zeitlose Momente in einer immer schneller werdenden Welt. Es würde unserer deutschen Hauptstadt keinesfalls schaden, mehr traditionsreiche Orte zu schaffen, an denen es sich entspannen und genießen lässt. Vielleicht klingt es altmodisch, aber trotz meiner Vorlieben für Fortschritt und Futurismus sind diese Relikte aus längst vergangenen Tagen meiner Meinung nach wahrhaftig erhaltenswert.

In Wien erzählte man mir, dass ein Besuch in Kaffeehäusern den Alltag wunderbar entschleunigen kann. Dieser Eindruck hat sich bei meinen Besuchen dort bestätigt. Ob Café Central, Landtmann oder Sacher – diese Orte strahlen eine einzigartige Atmosphäre aus, die Berlin, sogar selbst sein elegantester Bezirk Charlottenburg vermissen lassen. In Deutschland hat Essen oder Trinken eben einen anderen Stellenwert als im Nachbarland Österreich. Meine Freunde, die dort leben, geben mehr Geld fürs Essen und einen edlen Tropfen aus, als ich es aus Deutschland kenne.

Es dürfte niemanden überraschen, dass sich das Trinkverhalten der Menschen aus der ehemaligen Sowjetunion deutlich von dem der Deutschen unterscheidet. Meinen Beobachtungen zufolge gibt es drei grundlegende Unterschiede.

Erstens: Menschen aus der ehemaligen Sowjetunion trinken stärkeren Alkohol als Deutsche. Neben dem traditionellen Wodka fällt die Wahl heute zunehmend auf Whiskey, Rum oder Cognac. Dabei wird verstärkt auf die Qualität des Alkohols geachtet. So wird der legendäre Moskovskaya gerne gegen hochwertigen polnischen Chopin Vodka oder irischen Whiskey eingetauscht. In Deutschland ist Schnaps zwar ebenfalls verbreitet, wird aber eher als »Absacker« getrunken. Hier wird gerne »gejagt«, also Jägermeister getrunken, was darauf hinweist, dass Kräuterliköre oder mittelstarke Alkoholika bevorzugt werden. Hier darf aus meiner Sicht auch der Obstler aus der deutschen Herstellung nicht unerwähnt bleiben. Renommierte Degustatoren haben mir versichert, dass Obstler oft unterschätzt wird, aber hervorragend ist. Leider weiß das außerhalb der hochklassigen Gastronomie und der südlichen Bundesländer kaum jemand. In der Tat halte ich diesen Digestif nach dem Essen für einen Genuss, den jeder Mensch für sich wieder- oder neu entdecken kann. Ich habe keine Möglichkeit ausgelassen, dies bei vielen kulinarischen Reisen zu tun.

Zweitens, und das mag überraschen, trinken Deutsche mengenmäßig mehr Alkohol als osteuropäische Menschen. Selten habe ich erlebt, dass bei einem Essen beispielsweise in der russischsprachigen Gemeinschaft ein Kasten Bier oder mehrere Weinflaschen geleert wurden.

Drittens hat Trinken in der osteuropäischen Tradition eine andere Bedeutung. Es ist nahezu obligatorisch. Vor dem Anstoßen muss ein Trinkspruch, auf Russisch »Toast«, ausgebracht werden. Dabei geht es oft um große existenzielle Themen wie Leben und Tod, Liebe und Hass oder mindestens um Traurigkeit oder Heiterkeit.

Insgesamt betrachtet mussten meine Eltern und auch ich uns an die deutsche Ess- und Trinkkultur zunächst gewöhnen. Es war für uns alles sehr neu und die Speisen wirkten in den ersten Jahren nach der Ankunft eher langweilig. Das Salzige ist in Deutschland weniger salzig und das Süße weniger süß. In der gemäßigten Klimazone sind eben auch die Gerichte und Getränke gemäßigt. Zuerst stellten wir dies beim Sonnenblumenöl fest. Die Ukraine, als die Kornkammer Europas, hat zwar ausgezeichnete Blumenöle, jedoch sind sie vom Geschmack und Geruch her deutlich intensiver als die deutschen. Mit den Jahren wurde für uns das deutsche Sonnenblumenöl »normal«, das ukrainische schmeckte mit der Zeit eher abstoßend und doch sehr streng. Das Gleiche geschah mit dem deutschen Matjesfilet, der Mayonnaise, den sauren Gurken aus dem Spreewald und sogar dem Speck. Stellt euch vor, es gibt ihn, diesen berühmt-berüchtigten »koscheren Schweinespeck«, bei dem manch einer, zum Beispiel meine Eltern, schwach werden. Ich verfolge zwar die jüdischen Speisegesetze (Kaschrut) nicht, halte mich aber aus religiösen Motiven daran, kein Schwein zu essen. »Ob das für den Himmel reicht?«, fragte ich meinen Rabbi einst sarkastisch.

Ich bin jemand, der deutsche, jüdische, ukrainische und postsowjetische Elemente in seiner Identität und seinen gastronomischen Vorlieben vereint. Mich fasziniert es, wie sich verschiedene Esskulturen auf dem Esstisch meiner Familien überschneiden und einander beeinflussen. Das bedeutet eine enorme Vielfalt, die auch viel über die Historie einer Familie sowie deren Herkunft aussagen kann.

Wir aschkenasische Juden, Deutschlands vorchristliche Ureinwohner, essen mehrheitlich nicht scharf, so meine Erfahrung. Unsere orientalischen Glaubensbrüder und -schwestern (Mizrachim) kommen hingegen ohne das scharfe Harissa, eine feurige Chilipaste, nicht aus. Meine osteuropäische Oma kann nichts mit israelischem Hummus anfangen, wie wiederum viele Israelis mit der jiddischen Nationalspeise, gefilte Fisch, kaum etwas zu tun haben.

Ich halte es für wichtig, wie bei allem im Leben, sich zuerst selbst an die Nase zu fassen, um ein tieferes Verständnis für die eigenen Traditionen zu entwickeln, um diese mit anderen Kulturen vergleichen zu können. Nur so ist es möglich, sich der deutschen Esskultur und dem, was dahintersteckt, anzunähern. So bin ich geprägt von jüdischen, ukrainischen und postsowjetischen Einflüssen, in denen das Essen eine zentrale Rolle spielt und Teil des sozialen Lebens ist. Hohe Feiertage, Feste und Zusammenkünfte sind oft Anlass für üppige Mahlzeiten, die sich durch eine Vielzahl an Gerichten auszeichnen.

»Es darf nur nicht zu wenig auf dem Tisch stehen«, sagt meine Mutter. »Was sollen die Gäste bloß denken?« Ich antworte ihr nüchtern und unaufgeregt, dass die Gäste weniger Cholesterin zu sich nehmen sollten, um gesünder zu leben. Ob dieser gutgemeinte Hinweis bei ihr ankommt, bleibt fraglich – schließlich ist ihre selbstlose Art so ausgeprägt, dass sie wahrscheinlich trotzdem noch zwei Cremetorten und einen Salat extra auf den Tisch stellt. Traditionelle Speisen wie der bereits erwähnte gefilte Fisch sowie die unzähligen Vorspeisen, Salate und kleinen Leckereien machen solche Zusammentreffen unvergesslich. Die Gerichte sind nicht nur schmackhaft, sondern auch tief in der Geschichte und Kultur verwurzelt, sodass jeder das gleiche Gericht von seiner verstorbenen Oma oder Tante, Gott habe sie selig, kennt.

Speziell die postsowjetische Küche ist oft reich an Fett und Kohlenhydraten, weil es in der Sowjetunion an vielen Produkten fehlte und deshalb häufig die »Wunderwaffe Mayonnaise« zum Einsatz kam. In einer modernen Welt, in der Bewegungsmangel und sitzende Betätigungen vorherrschen, wird jedoch eher von deftigen Speisen abgeraten. Schließlich sind gesundheitliche Probleme wie Übergewicht und Herzkrankheiten in unserer Gesellschaft weit verbreitet. Ein weiterer Mayonnaise-Salat sowjetischer Prägung könnte daher auch ruhig mal nicht auf dem Buffet stehen. Inzwischen ist auch die deutsche Esskultur Teil meiner Identität geworden. Wenn ich eingeladen war, gab es zwar auch deftigere Fleischgerichte, allerdings meist weniger Vorspeisen und eine begrenzte Auswahl an wiederum sehr kalorienreichen und schweren Salaten sowie Fleisch-, Fisch- und Käseplatten.

Was bleibt mir also übrig als deutsch-jüdischer Ureinwohner? Ich will die Traditionen meiner Vorfahren bewahren und die vielen modernen deutschen kulinarischen Erfahrungen integrieren. Gerne lade ich Freunde zu mir nach Hause ein und koche für sie Speisen, die meine vielen Identitäten widerspiegeln. Essen hat nicht nur soziale, sondern auch emotionale Bedeutung. Für mich ist es ein eigenständiger Wert, der weit über die reine Nahrungsaufnahme hinausgeht. Wenn also jemand von euch nach diesem Kapitel zum Kühlschrank spurtet oder sich ein Gläschen Schnaps gönnt, dann nur zu. Ich wünsche euch von Herzen ein langes Leben, das 120 Jahre währt, und, wie ein jüdischer Trinkspruch besagt, dass ihr euch mit 100 Jahren fühlt, als wärt ihr 20.

Kleidung: weniger Sport, mehr Lässigkeit

Ich glaube, dass sich in den leisen Zwischentönen des Alltags die besten und schärfsten Beobachtungen über das Verhalten von Menschen machen lassen. Was wäre natürlicher und gegenwärtiger als die Kleidung, die wir tragen? Ob wir es wollen oder nicht, unsere Kleidung sagt viel über uns aus. Sie ist nicht selten ein Spiegelbild unserer inneren Welt. Auch kann Kleidung uns und unsere Intimsphäre schützen. Wir definieren uns zwar nicht ausschließlich darüber, was wir tragen, aber lasst uns doch ehrlich sein und zugeben, dass die alte deutsche Redewendung »Kleider machen Leute« auch heute noch zutrifft.

Unser Leben beginnt weder in einer Boutique noch auf einer Modenschau. Es wird keinen überraschen, aber wir kommen splitternackt zur Welt und werden schon nach wenigen Augenblicken zum ersten Mal in Stoff gehüllt: weiche, weiße Handtücher. Danach kommt die Windel, das temporäre Kleidungsstück eines Babys – außer jemand kommt wie ich aus der sowjetischen Ukraine. 1991 musste meine Mutter mehrfach täglich meine Wickeltücher eigenhändig waschen und wechseln. Der zivilisatorische Fortschritt kam hier etwas später an, sodass ich zur »Generation windelfrei« gehöre. Einmalwindeln gab es 1973 erstmals in Deutschland zu kaufen, also 18 Jahre vor meiner Geburt.

Mein erster Berührungspunkt mit Deutschland hatte tatsächlich mit Kleidung zu tun. Meine Großmutter Fira arbeitete als Krankenschwester in einem sowjetischen und später in einem ukrainischen Militärkrankenhaus. Bis zum Jahr 1994 hielten sich laut Staatsvertrag sowjetische Einheiten im vereinigten Deutschland auf, um dort ihre Präsenz abzuwickeln, und so kamen Soldaten und Offiziere mit Geschenken von dort zurück. Meine Oma konnte mir über diesen Weg deutsche Kinderschuhe und T-Shirts besorgen, die qualitativ besser und modischer waren als das, was die Ukraine der frühen 1990er-Jahre zu bieten hatte. Bevor ich Deutschland sah, trug ich bereits deutsche Kinderklamotten.

Wenn wir uns das Fotoalbum aus der Zeit kurz nach unserer Ankunft in Deutschland anschauen, sagt meine Mutter selbstkritisch, wie sie sich denn so provokativ hatte anziehen und schminken können, wo dies in Deutschland doch unüblich gewesen sei. Der Rock war vermutlich das erste Kleidungsstück, das meine weiblichen Verwandten hierzulande ablegten, denn deutsche Frauen trugen mehrheitlich Hosen und Jeans. Die männlichen Familienmitglieder brauchten hier auch keine Fellmützen, da die Winter nicht so kalt waren und sie nicht sofort als tierfeindlich abgestempelt werden wollten. Auffällig war aber, dass sich die Leute in Deutschland mehrheitlich schlichter kleideten, als wir es aus der Ukraine kannten. Selbst sehr wohlhabende Menschen oder Geschäftsleute trugen im Verhältnis zu denen in unserer alten Heimat bodenständige Klamotten. Dies wirkte auf uns unheimlich befreiend, da jeder auf die Straße gehen konnte, vor allem Frauen, ohne sich besonders kleiden oder schminken zu müssen.

Meine Eltern erzählten mir, dass sie naiverweise gedacht hatten, in Deutschland würden alle Frauen dem Stil und Schönheitsideal des berühmten deutschen Topmodels Claudia Schiffer entsprechen. Doch die Realität sah anders aus, wir trafen stattdessen auf viele Jeansträgerinnen, Netz-Shirts, weite, kastige T-Shirts, Neonfarben – und das Arschgeweih als Markenzeichen der 1990er-Jahre. Heute erlebt diese schrille Mode eine Art Comeback. Wer also am belebten und hippen Rosenthaler Platz in Berlin-Mitte steht, wird eine kleine modische Zeitreise in die 1990er-Jahre erleben können.

1998 passten sich alle in meiner Familie immer weiter der deutschen Mode an und legten ihre aus der Ukraine mitgebrachten Adidas-Sportanzüge zur Seite. Diese galten dort als extrem modisch, mitunter weil sie aus Deutschland kamen und das als Zeichen für Wohlstand betrachtet wurde. Wie immer wieder kolportiert wird, sagte der deutsche Modezar Karl Lagerfeld im Jahr 2012 in der ZDF-Sendung »Markus Lanz« zu diesem Thema etwas Prägendes: »Wer eine Jogginghose trägt, hat die Kontrolle über sein Leben verloren.« Wir kamen tatsächlich aus einem Land, in dem die Menschen ihr Konsumverhalten definitiv nicht unter Kontrolle hatten. Das ist nicht überraschend, denn in der Sowjetunion konnte man ohne Vitamin B keine

Jeans oder anständige Kleidung kaufen. Alternativ musste man ewig in einer Warteschlange stehen, da alle internationalen Waren extrem rar waren.

Natürlich trug man in Deutschland auch Sportkleidung, aber eben um der entsprechenden Aktivität nachzugehen. Mit türkisfarbenen Adidas-Trainingsanzügen im ukrainischen Style ging hierzulande keiner auf der Straße spazieren, wenn er nicht zum Training unterwegs war oder eine Fußballmannschaft trainierte. Apropos: Schnell fiel uns auf, wie viele Deutsche in Sportvereinen aktiv waren. Es gab sehr viele Sportplätze, auf denen sich der Nachwuchs für die Fußballnationalmannschaft tummelte. In Deutschland waren 2024 laut statista.com 25,2 Millionen Menschen Mitglieder in Sportvereinen. In der Ukraine waren es vor dem Krieg lediglich rund drei Millionen.

Als ich ein kleiner Junge war, schämte ich mich dafür, dass wir nach der Ankunft in Deutschland 1998 vor allem Secondhand-Kleidung trugen. Die finanzielle Lage erlaubte es uns einfach nicht, Modemarken oder nicht reduzierte Klamotten zu kaufen. Es gab auch kostengünstig hochwertige Sachen, die viele Jahre getragen werden konnten, jedoch war beispielsweise ein neues Fußballtrikot für über 100 Deutsche Mark absolut undenkbar für mich. Die Funktionalität der Kleidung hatte damals Vorrang vor modischen Aspekten. Die meisten Secondhand-Shops schlossen nach und nach, stattdessen tauchten Textil-Discounter wie Primark auf. Heutzutage kann man vor allem auf Flohmärkten getragene Sachen kaufen. Für viele Menschen sind sie sogar besonders kostbar und gelten als angesagt. Es macht sicherlich Spaß, Schnäppchen zu ergattern, wenn man finanziell abgesichert ist. Mein Schamgefühl ist jedoch bis heute nicht verschwunden.

Die Kleidung in der Freizeit war das eine, die bei der Arbeit das andere. In Deutschland war und ist es bis heute so, dass es wichtig ist, gepflegt auszusehen, jedoch werden nach meiner Erfahrung sichtbare Marken oder besonders auffällige Kleidungsstücke nicht gerne in der Arbeit gesehen. Ein osteuropäischer Freund von mir wurde am ersten Arbeitstag in einem Start-up darauf hingewiesen, dass sein Parfum zu stark dufte und sein Anzug zu schick wirke.

Laut einer Umfrage des Forschungsinstituts YouGov aus dem Jahr 2017 finden etwa zwei Drittel (67 Prozent) das Tragen religiöser Symbole wie Kopftuch, Kreuz oder Ähnliches »eher unangemessen« oder »unangemessen«. Das Thema Kopftuch- und Burkaverbot wird nicht selten aus der Ecke derer aufgebracht, die gerne Trachten tragen.

Ich verstehe das Konzept der staatlichen Neutralität, doch ich denke bei solchen Themen pragmatisch. Es ist für mich schwer nachvollziehbar, dass es in Ordnung sein soll, wenn eine Frau mit türkischen Wurzeln ein Kopftuch trägt, während sie zum Beispiel als Putzkraft arbeitet, aber nicht, wenn sie damit Mathematik unterrichtet. Es erscheint mir unlogisch, dass das eine die Neutralität nicht beeinträchtigt, während das andere – das Vermitteln des deutschen Lehrplans nach deutschem Recht – dies tut. Das Thema Kleidung wird hier stark politisiert, was ich immer problematisch finde. In meinem Verständnis von Freiheit hat auch ein Kopftuch in der Schulklasse seinen Platz – wie es übrigens in Israel vorgelebt wird.

Zusammengefasst lässt sich über den Kleidungsstil in Deutschland sagen, dass es im Vergleich deutlich lässiger zugeht und der gesellschaftlich akzeptierte Rahmen mehr zulässt. Auch Kleidung kann ein Ausdruck von Demokratie sein. In der Sowjetunion und ehemaligen DDR war es nicht so einfach möglich, sich zu kleiden, wie man wollte. Auch hier hatte der autoritäre Staat seine Finger im Spiel. Das sollten wir niemals vergessen.

Autoland Deutschland

Ich wage eine steile These: Deutschland kann nicht verstehen, wer nicht die Bedeutung des Autos für dieses Land und das Verhältnis der Menschen dazu erfasst hat. Bevor wir 1998 nach Deutschland zogen, sagten meine Eltern immer wieder zu mir und reproduzierten damit sicherlich Klischees über Deutschland: »Mischa, das Land, in das wir reisen werden, hat die besten Autos der Welt: Mercedes, BMW, Audi, Opel und Porsche.« Für einen kleinen Jungen, der diese Marken nur in Form von Spielzeug kannte, war das unfassbar aufregend. Ich würde in ein Land ziehen, in dem sie allgegenwärtig wären? Meine erste Vorstellung von Deutschland war daher die eines Autoparadieses und ich sah mich darin als Rennfahrer. Auf den deutschen Straßen fuhren diese Autos dann in echt und sie wirkten auf mich faszinierend.

In Deutschland angekommen, zählten wir anfangs die Mercedes S 500. In den 1990er-Jahren galt dieses Model in der Ukraine als ein Zeichen für Reichtum, Macht – und mit großer Wahrscheinlichkeit einen kriminellen Hintergrund. Hier in Deutschland war es ganz anders. Zu unserer Überraschung gab es unzählige Mercedes S 500. Hier, im Herkunftsland dieses Autos, fuhren darin keine Oligarchen, Kriminellen oder Neureichen wie in der postsowjetischen korrumpierten Ukraine, sondern Menschen aus dem gehobenen Mittelstand, darunter Ärzte, Anwälte und anständige Geschäftsleute.

So wie Claudia Schiffer das deutsche Schönheitsideal repräsentierte, war für uns damals Michael Schumacher der Inbegriff eines deutschen Mannes. Er war im Osteuropa der 1990er-Jahre sehr bekannt und beliebt, was es mir auch mit meinem Namen leichter machte. Er entsprach dem Prototyp des perfekten Deutschen: technikaffin, effizient und schnell. Die Realität sah aber auch hier ganz anders aus. Weder bei den

Behörden noch bei den Serviceleistungen der Autohäuser war etwas von der Geschwindigkeit Schumachers zu bemerken. Auch die Realität auf den weltweit bekannten Autobahnen – ohne Tempolimit, außer Schilder geben es vor –, mit den herausragenden sportlichen Autos waren anders als gedacht. Die Deutschen erwiesen sich mehrheitlich als vorsichtige Fahrer. Rasen ist in Deutschland kein Grund für Prahlerei, selbst bei dem autofreundlichsten Männer-Stammtisch in Wolfsburg.

In Gesprächen mit Freunden und Verwandten aus aller Welt waren deutsche Autos und erstklassige Autobahnen ebenfalls ein großes Thema. Sogar Verwandte aus Israel, die wegen der Schoah niemals deutschen Boden hätten betreten wollen, sprachen mit Begeisterung von Schnellstraßen und dem perfekt verlegten Asphalt. Die sportlichen Pkw waren neben Modern Talking, Siemens und Bier ein weiterer deutscher Exportschlager, Popkultur auf Reifen eben.

Die bunte, deutsche Autowelt in meinem Kopf ist nicht nur mit einem guten Gefühl verbunden, denn ihre Auswirkungen schädigen das Klima. Ich bin mir dessen vollkommen bewusst, denn der Verkehr ist einer der größten Verursacher von CO_2 in Deutschland. Die Emissionen stecken laut Umweltbundesamt auf dem Niveau von 1990 fest, also einer Zeit, in der Claudia Schiffer über den Catwalk lief, Steffi Graf und Boris Becker Tennisturniere gewannen und Opel eine beliebte Automarke war. Meine migrantische Perspektive auf das Auto ist allerdings stark geprägt von Fragen des sozialen Aufstiegs und Benachteiligung. Für mich bedeutet es nämlich mehr als die Möglichkeit, von A nach B zu kommen. Ein Auto zu besitzen, zeigt an, dass man auf der sozialen Leiter weit nach oben gekommen ist. Diese Wahrnehmung als Statussymbol verfolgt mich vermutlich aus der prekären Zeit nach unserer Ankunft in Deutschland. Mir ist bewusst, dass sich hinter diesem materiellen Wert der Wunsch nach Anerkennung und Zugehörigkeit zu einer Gesellschaft verbirgt. Bei mir gehört ein Auto wohl irgendwie zu einem solchen Lebenslauf dazu.

Deutsche Tierliebe

Ich kann als Mensch mit einer Einwanderungsgeschichte nüchtern feststellen: Deutschland ist insgesamt ein tierfreundliches Land. Bei fast keiner anderen täglichen Beschäftigung bekommt man mehr freundliche Blicke und Lächeln zugeworfen als beim Gassigehen mit einem Hund beispielsweise. Dies ist ein effektiverer Weg, um neue Menschen kennenzulernen, als Dating-Plattformen zu bemühen.

Tiere sind ein fester Bestandteil des deutschen Alltagslebens, sei es als Haustier, Nutztier oder als Teil der kulinarischen Kultur. In Diskussionen über Massentierhaltung, Vegetarismus und Tierschutz wird oft moralisiert und die Gemüter erhitzen sich. Aus meiner Sicht wirken viele Inhalte der Debatten allerdings wie Wohlstandsprobleme. An manch einem Tag in der Ukraine der 1990er-Jahre waren wir froh, Kartoffeln oder Brot auf dem Tisch zu haben. Über Herkunft und Haltung von Fleisch brauchten wir uns schlicht keine Gedanken zu machen. Heute ist die Welt auch dort eine andere – und das ist auch gut so.

Besonders fällt in Deutschland die Verbreitung von Tierschutzorganisationen auf, die sich um streunende oder misshandelte Tiere kümmern und Aufklärungsarbeit leisten. Sie machen regelmäßig Veranstaltungen, um auf solche Probleme aufmerksam zu machen, oder sammeln Spenden. Diese Solidarität mit Tieren ist wirklich ernst gemeint und stark. Der Unterschied, was Haltung und Pflege von Tieren angeht, zeigt sich ebenso in der Landwirtschaft. Während traditionell die Vorschriften für die Tierhaltung in der Ukraine weniger streng sind, wird in Deutschland schon länger auf artgerechte Haltung geachtet. In Deutschland gelten strenge Tierschutzgesetze und die biologische Landwirtschaft, bei der das Wohl der Tiere im Vordergrund steht, gewinnt immer mehr an Bedeutung.

Während meiner Zeit in der Musikindustrie organisierte ich ein Songwriting-Camp mit dem Ziel, Jugendliche gegen Rassismus und Antisemitismus stark zu machen. Wir zeigten ihnen auch Bilder der Schoah, um pädagogisch in die Thematik einzuführen. Einer der Coaches – er war total aufgeklärt und progressiv und bei den Kindern sehr beliebt – ernährte sich vegan. Als er total frei und vorbehaltslos sagte, dass diejenigen, die Fleisch essen, einen »Tierholocaust« betrieben, fand ich das schockierend. Ich hielt diese Aussage schlicht und ergreifend für beleidigend und überzogen. Das Essen von Tieren, auch aus der Massentierhaltung, ist kein Genozid und nicht mit dem Ermorden von Menschen zu vergleichen. Ich denke, dass wir uns hier in Deutschland darüber einig sein sollten.

Jedes Tier hat einen würdevollen Umgang verdient, sowohl wenn es lebt als auch wenn es stirbt. Dazu verpflichten uns nicht nur Moral und Ethik, sondern auch der Gesetzgeber. Das ist meine feste Überzeugung. Jedoch ist in meinen Augen, so wie es auch das Judentum sieht, ein Tier eben kein Mensch. In Deutschland wird in der Debatte über Tierschutz, Tierrechte und Massentierhaltung diese Erkenntnis manches Mal mehrheitlich vergessen. Oft werden stark moralisierende Aussagen darüber gemacht, dass Tiere den Menschen nicht gleichgestellt sind und andersherum. Ich halte es mit dem österreichischen Lyriker Erich Fried, der zwar in seinem Gedicht »Definition« Mensch und Tier gleichstellt, aber betont, dass ein Mensch anders als ein Tier ein Bewusstsein hat.

Meine Devise zu diesem Thema: Lasst uns bitte die Tiere menschlicher behandeln und uns gegenseitig weniger tierisch.

4.

»Oma zu Ostern besuchen« – die migrantische Perspektive auf Eltern und ihre Kinder

Jedem Filmliebhaber ist wohl der epische Mafiafilm aus dem Jahr 1972 von Regisseur Francis Ford Coppola »Der Pate« bekannt. Der Kultfilm basiert auf dem gleichnamigen Roman von Mario Puzo. Die Handlung erstreckt sich über mehrere Jahrzehnte und konzentriert sich auf die Corleone-Familie, eine einflussreiche italienischstämmige Mafia-Dynastie in New York. Für Oberhaupt Don Vito Corleone ist die »Famiglia« von unschätzbarem Wert, der Mittelpunkt im Leben. Sie umfasst nicht nur seine unmittelbare Verwandtschaft, sondern auch andere Menschen und Personengruppen, die direkt mit ihm in Verbindung stehen. Bereits zu Beginn des Films wird dies deutlich, als die Hochzeit seiner Tochter Connie gezeigt wird, bei der die kriminellen Aktivitäten im Hintergrund laufen.

Der Begriff »Familie« ist in dieser Saga weiter gefasst als die klassische Definition, geht also über die Verbindung von Menschen durch Blutsverwandtschaft, Ehe oder Adoption hinaus. Der italoamerikanische Schriftsteller Mario Puzo bringt weitere wichtige Aspekte ein, zum Beispiel Zusammenhalt, Loyalität und Hierarchie. Bemerkenswert ist ebenso der starke Bezug zur italienischen Herkunft und zu Traditionen sowie zum tiefen katholischen Glauben.

Blendet man in Coppolas mehrfach Oscar-prämiertem Meisterwerk den kriminellen Charakter des Corleone-Clans aus, können faszinierende Erkenntnisse über die Sinnhaftigkeit und Bedeutung von

Familie im Allgemeinen gewonnen werden. Diese lassen sich bis zu einem gewissen Maß zur Analyse von Familienstrukturen und Dynamiken bei Menschen mit Migrationshintergrund, ob jüdisch oder nichtjüdisch, heranziehen. Die familiären Verhältnisse, Bräuche und Geschichten spielen eine herausragende Rolle bei der Entwicklung unserer Persönlichkeit.

Der im früheren 20. Jahrhundert wirkende österreichisch-jüdische Psychologe und Arzt Sigmund Freud legte einen starken Fokus auf die frühe Kindheit und argumentierte, dass die ersten Lebensjahre prägend für die spätere psychische Struktur eines Individuums seien. In seiner psychoanalytischen Theorie betonte Freud die Bedeutung von Erlebnissen im Kindesalter, insbesondere im Zusammenhang mit der Beziehung zu den Elternteilen. Laut ihm tragen sie maßgeblich zur Formung von Persönlichkeitsmerkmalen und emotionalen Reaktionen im Erwachsenenalter bei. Freud sah daher die traditionelle Familie als grundlegenden Baustein der Gesellschaft an. Ich möchte nur ungern mit Freud streiten, doch ich finde diese verallgemeinernde Schlussfolgerung Freuds kritisch, da die Familienbilder je nach Gesellschaftsstrukturen, Regionen und Religionen sehr unterschiedlich aussehen können. In der modernen Hauptstadt Berlin, wo es sehr viele Singlehaushalte gibt, kann keine Rede von der Familie als Baustein der Stadtgesellschaft sein.

Ein Blick zu unseren europäischen Nachbarländern zeigt, dass die Familienverhältnisse dort ebenfalls sehr variieren. Unser östlicher Nachbar Polen ist zum Beispiel von sehr traditionellen Familienwerten geprägt, Ehe und Elternschaft haben dort große Bedeutung. Dabei spielen oft religiöse Überzeugungen eine Rolle. In Frankreich wiederum gibt es eine relativ hohe Akzeptanz für verschiedene Familienstrukturen, ohne dass eine soziale Stigmatisierung erfolgt. Das

Verständnis geht weit über die klassische Rollenverteilung à la Vater, Mutter, Kind hinaus. Deutschland liegt sowohl geografisch als auch kulturell mittig zwischen diesen beiden Extremen.

Für jeden von uns gilt allerdings der Umstand, dass unsere Eltern ein Produkt der Erziehung unserer Großeltern sind. Die Generation vor uns gibt bewusst oder unbewusst ihre Prägungen an uns weiter, ob nun in Frankreich, Polen oder in der deutschen Hauptstadt Berlin. Ich bin hier natürlich keine Ausnahme. Ohne meine Eltern und die gesamte Familie wäre ich heute ein anderer Mensch. Wahrscheinlich würde ich viele identifikationsstiftende Traditionen nicht kennen und bestimmte Merkmale nicht aufweisen. Jedoch hätte ich auch keine Traumata und Ängste geerbt, die sich als ständige Furcht vor Verfolgung, dem Verbergen der eigenen Identität nach außen und einem gesteigertes Bedürfnis nach Sicherheit äußern.

In vielen Gesprächen mit Personen aus meinem deutschen Freundeskreis stellte ich fest, dass deren familiäre Prägung ganz anders auf sie wirkt, als ich es bei Menschen aus meiner Community kenne. Ich habe den Eindruck, dass der familiäre Hintergrund nicht selten als Last wahrgenommen wird, es geht meistens darum, sich zu emanzipieren. Es klingt so, als ob sie mit oft herausfordernden Persönlichkeiten umgehen und den Vorstellungen der Eltern entsprechen müssen, ob sie das wollen oder eben nicht. Das ist für manche Menschen Ballast, den sie lebenslang mit sich tragen, so mein Eindruck. Auf jeden Fall lässt sich abschließend sagen, dass sich der Umgang mit Herkunft und sozialem Umfeld bei Eingewanderten in Deutschland von dem der in Deutschland geborenen unterscheidet. Ich spreche hier nicht von Einzelfällen und meiner eigenen Einwanderungsgeschichte, sondern von vielen Menschen in meinem Umfeld, die einen Migrationshintergrund haben. Für sie stellt die Familie eine wichtige emotionale

Unterstützung dar, besonders wenn es um die Herausforderungen der Integration und der Anpassung in einem neuen Land geht.

Kürzlich entdeckte ich beim Aufräumen im Keller ein Freundebuch aus der Zeit, als ich zwölf Jahre jung war und erst fünf Jahre in Deutschland lebte. Auf den ersten Seiten hatten sich mein Opa Arkadiy, Onkel Semen sowie meine Eltern eingetragen. Als Neuankömmling mit häufigen Schulwechseln hatte ich anders als viele deutsche Gleichaltrige ohne Migrationshintergrund keinen festen Freundeskreis. Die Sprachbarriere erschwerte es, mit anderen enge Beziehungen aufzubauen. So ging es für mich darum, eine Balance zu finden zwischen der neuen Lebensrealität in Deutschland und der Sehnsucht nach der Heimatkultur. Dies erzeugte eine tiefe emotionale Verbindung zu vertrauten Menschen, also zu meinen Familienangehörigen, die weit über das übliche Maß hinausging.

Geschichte prägt Familiendynamik

Meine migrantische Erfahrung in Hinblick auf Familie machte es mir leicht, ausgerechnet viele ostdeutsche Familiengeschichten nach der Wende besser nachvollziehen zu können. Natürlich ist mir bewusst, dass eine solche Biografie nicht mit einer Migrationsgeschichte aus dem Nicht-EU-Ausland gleichzustellen ist, jedoch gibt es einige Parallelen. Die Mentalitätsunterschiede zwischen Ost- und Westdeutschen während der Zeit, als die Mauer stand, sowie die Brüche in den Biografien in den 1990er-Jahren kennen Menschen mit einer Migrationsgeschichte nur zu gut. Für viele aus der ehemaligen DDR fühlte es sich so an, als wären sie von einem Tag auf den anderen in einem neuen Land aufgewacht. Dies lässt unschwer die Gefühle derjenigen wiedererkennen, die aus anderen Ländern nach Deutschland kamen. Für manche Menschen in Ostdeutschland ist auch 30 Jahre nach der deutschen Wiedervereinigung dieses Gefühl nicht verschwunden.

Grundsätzlich fand ich es immer sehr interessant, mich mit den Familienverhältnissen in Deutschland zu befassen. Ich verstand nämlich schnell, dass es in meiner neuen Umgebung anders zuging, als ich es von zu Hause kannte. Deutschland durchlief schließlich ein bewegtes 20. Jahrhundert. Am Familientisch spiegelte sich das wider und ich war und bin sehr neugierig, mehr darüber zu erfahren.

Mein ehemaliger Deutschlehrer im Gymnasium erzählte mir zum Beispiel von einem Familientreffen in den 1970er-Jahren, an dem sein Onkel teilnahm, ein ehemaliger kommunistischer Häftling im Konzentrationslager Börgermoor, in dem das bekannte antifaschistische Moorsoldatenlied entstanden war. Er traf bei der Zusammenkunft auf einen seiner Verwandten, einen während der NS-Zeit führenden Wehrmachtssoldaten an der Ostfront. Es soll zu heftigen Debatten und Anschuldigungen gekommen sein. Ich glaube, dass sich solche Szenen in einigen deutschen Familien abspielten. Selbst wenn Streit nicht immer offen ausgetragen wurde, war die Atmosphäre bei solchen Anlässen sicherlich äußerst geladen. Es ist nämlich nicht so, dass die Mehrheit der Deutschen während der Herrschaft des Nationalsozialismus im Widerstand war. Nichtsdestotrotz: Die politischen Gegnerinnen und Gegner Hitlers überlebten den Krieg und gründeten zwei Republiken. Viele der Personen, die mitgemacht und mitgetan hatten, ein Großteil von ihnen am Schreibtisch, waren aus der Gesellschaft in Ost- und Westdeutschland nicht wegzudenken. Und nun saßen sie gemeinsam an Familientischen. Oder aus Haltungsgründen nicht.

Was passierte, wenn diese zwei im Kern unvereinbaren Welten aufeinandertrafen, und wie das die Familiendynamiken prägte, spaltete und vielleicht vereinen konnte, war für mich immer sehr spannend. So begriff ich auch schnell, dass für viele gleichaltrige Deutsche zum Beispiel der Besuch bei den Großeltern etwas anderes bedeutete als für mich. Sie sahen in ihren Omas und Opas zum einen liebende Verwandte, zum anderen Menschen, die historisch gesehen vor kurzer Zeit vielleicht noch am schlimmsten Verbrechen gegen die Menschlichkeit teilgenommen hatten. Gesprochen wurde darüber nicht, die meisten schwiegen oder schauten einfach nur weg.

Was ich in Deutschland beim Umgang junger Menschen mit ihren Großeltern beobachte, geht weit über einen klassischen Generationenkonflikt hinaus. Die Geschichte dieses Landes ist einzigartig. Ihre Besonderheit hinterlässt zweifelsfrei starke Spuren in deutschen Familien. Wer diese Thematik allerdings nur in die erste Hälfte des 20. Jahrhunderts verortet, vergisst die jüngste deutsche Geschichte seit dem Mauerfall. Ich bin ebenso mit Auseinandersetzungen und Gesprächen über Familiendynamiken vertraut, wie sie sich bei Menschen aus der DDR zeigten, die Repressionen des SED-Regimes erfahren und die Zeit der Wende erlebt hatten. Ein guter ostdeutscher Freund erzählte mir, wie seine Eltern die vermeintlich konspirativ arbeitenden Stasi-Mitarbeitenden aus dem Erdgeschoss zwar grüßten, sich aber über sie lustig machten. Andere Familienangehörige wiederum blieben nach außen unauffällig und akzeptierten wortlos das Regime. Interessant wäre es daher auch, einem deutschen Familienessen beizuwohnen, bei dem ein Familienmitglied, das im Stasi-Gefängnis in Bautzen saß, auf einen ehemaligen SED-Funktionär oder eine Stasi-Mitarbeiterin oder eine Inoffizielle Mitarbeiterin (IM) trifft, die für einige Hundert Mark Berichte über Angehörige, Freundinnen und Arbeitskollegen verfasste.

Von Eltern, Fußballvereinen und Familienstrukturen

Was mir zudem bei deutschen Familien und den Beziehungen zwischen Eltern und Kindern auffiel, war eine gewisse Distanz und Kühle. In vielen Situationen im Berufsleben, in der Freizeit und in der politischen Welt beobachtete ich diesen Umgang miteinander und versuchte, ihn zu verstehen. Repräsentativ sind diese Wahrnehmungen sicherlich nicht, jedoch ermöglicht mir der Blick aus meiner Perspektive eine eher sachliche und nicht verurteilende Darstellung. Während zum Beispiel meine Eltern alles daransetzten, dass ich länger im Hotel Mama leben konnte, waren viele gleichaltrige deutsche Freunde und Kolleginnen schon längst aus dem Elternhaus ausgezogen. Einige taten dies unmittelbar nach der Volljährigkeit, als wäre es ein Gebot oder gar ein Zwang. Oder einfach wie etwas, das üblich war, wie der legale Kauf des ersten hochprozentigen Alkohols, von Zigaretten oder der Erhalt des Führerscheins.

Ich konnte nie ganz begreifen, wieso der Auszug aus dem Elternhaus mit einer derartigen Stringenz erfolgte. Entweder verspürten die Eltern keine so enge häusliche Bindung zu ihren Kindern oder die Kinder wollten einfach ihre Freiheit möglichst schnell erlangen. Für mich fühlte es sich so an, zugespitzt formuliert, als würde eine Leasingdauer von 18 Jahren enden. Nur gibt man nicht das Auto zurück, sondern entlässt das Kind in die große weite Welt. In jedem Fall lag Deutschland 2022 laut Angaben des Statistischen Bundesamts unter dem europäischen Durchschnitt, die Kinder hier zogen deutlich früher aus dem Elternhaus aus als anderswo. Meiner Erfahrung nach wird in vielen migrantischen Familien mit Selbstständigkeit und Erwachsenwerden anders umgegangen. Das kann unter anderem daran liegen, dass ihr Leben mit mehr Unsicherheit einhergeht, sodass auch das Vertrauen in die Kinder weniger ausgeprägt ist. Es scheint so, als würde davon ausgegangen, dass es einige Jahre braucht, bis ein junger Mensch fest im Leben steht.

Auch bemerkte ich, dass deutlich weniger Kommunikation zwischen meinen Freundinnen und Freunden sowie deren Eltern stattfand. Sie telefonierten vielleicht einmal in der Woche, während ich täglich einen Rechenschaftsbericht bei mir zu Hause abgab. Insbesondere der Bezug zu den Großeltern war noch sporadischer und beschränkte sich auf Feiertage wie Ostern und Weihnachten sowie eine Geburtstagsgratulation. »Wir besuchen Oma«, das ist ein Satz, den ich ziemlich genau einmal im Jahr von den Deutschen in meinem Freundeskreis hörte. Es fühlte sich aber eher so an, als wären diese Treffen eine Belastung, keine freudige Angelegenheit. Feiertage sind in Deutschland offenbar stressig. »Wenn die stille Zeit vorbei ist, dann wird es auch wieder ruhiger!«, sagte der deutsche Komiker Karl Valentin einst treffend.

Darüber hinaus fand ich es bemerkenswert, dass deutsche Gleichaltrige in ihrer Kindheit und Pubertät über weitaus größere Freiräume verfügten, als ich es aus meiner Community kannte. Das reichte von der Zeit fürs Nachhausekommen, über das Übernachten bei Freunden bis hin zum Umgang mit Drogen und der eigenen Sexualität. Aus meinem Elternhaus kannte ich das Konzept einer Beziehung, die nicht zwangsläufig auf eine Heirat als Schlussziel hinausläuft, nicht. In Deutschland ist es vollkommen normal, dass man ab der Pubertät eine Liebesbeziehung führt und die zweite Person bei einem übernachtet, auch wenn die Eltern zu Hause sind.

Und auch die persönliche Entfaltung hat große Bedeutung, der Wunsch danach scheint von Kindheit an in Deutschen tief verankert zu sein. Die Bereitschaft, auch kontroverse Themen wie Homosexualität oder Berufswahl anzusprechen, ist daher deutlich größer. Der sogenannte Familienfrieden scheint dabei kaum keine Rolle zu spielen. Für die nötigen Freiräume, Offenheit und Freiheit zu sorgen ist in deutschen Familien entscheidend, wenn es darum geht, eine positive familiäre Dynamik zu entwickeln und den eigenen Charakter auszubilden. Ich denke, dass gerade dies auch das spätere Verhältnis zu den Eltern prägt, was möglicherweise distanziert oder gar kalt auf Migranten wirkt. Das wäre aber ein Trugschluss, denn eine enge Beziehung in der Familie darf nicht allein von der Quantität abhängen, sondern erfordert auch eine gewisse Qualität.

Einige dieser Dinge waren für mich immer wieder Grund zur Verwunderung, weil ich in der eigenen Familie und Community, aber auch aus anderen migrantischen Kreisen durchaus anderes gewohnt war: Persönliche Grenzen werden häufig überschritten, etwa durch Einmischung beim Kleidungsstil oder beim Freundeskreis. Manchmal geschieht dies unbeabsichtigt, oft aber bewusst. Solche Dinge kommen nach meinen Erfahrungen in deutschen Kontexten definitiv seltener vor, und wenn, dann auf subtilere Art und Weise. Gerne vergleiche ich deutsche Familien wie die beschriebenen mit einem Amateurfußballverein. Das Ganze ist geprägt von flachen Hierarchien und einem hohen Grad an Mitsprache bei Entscheidungsprozessen sowie viel Eigenverantwortung.

Auch interessant: Die Eltern der deutschen Familien in meinem Umfeld achteten viel öfter auf einen entspannten äußeren Look. Meiner Ansicht nach wollten sie damit mögliche soziale Unterschiede ausgleichen und ihr Alter kaschieren. Einige von ihnen ärgerten sich darüber, dass ich sie siezte. Ich konnte eben nicht anders, da ich so erzogen worden war. Für mich bedeutet diese Anrede eine Art Wertschätzung und gilt als Zeichen des Respekts vor dem Alter. Meine

Eltern wiederum brauchten längere Zeit, um sich daran zu gewöhnen, dass meine deutschen Freunde sie duzten und mit dem Vornamen ansprachen, wenn sie mich besuchten. Ihre anfangs verkrampften Reaktionen amüsierten mich, doch sie erweiterten ihren Horizont und kamen damit klar.

Mein Opa Arkadiy ist nicht der Mafiaboss Don Corleone, sondern ein ehemaliger Russischlehrer und begnadeter Dichter. Er wundert sich bis heute darüber, dass ich ältere Mitglieder in meiner Partei duze. Seit über 160 Jahren ist das unter Genossen so üblich. Doch für meinen Opa werden hier offenkundig Grenzen überschritten. Respekt hat vor allem mit der Ehrfurcht vor dem Alter zu tun. In konservativ denkenden Kreisen in Deutschland haben zum Beispiel Ehre und Ansehen einen hohen Wert und gelten als Zeichen der Wertschätzung. Mir fällt in diesen Zusammenhängen oft das Wort »Würde« ein, das ich treffender finde. Ich denke, dass diese Unterscheidung der beiden eng miteinander verbundenen Begriffe es mir erleichterte, die deutschen Familienstrukturen zu analysieren und mit denen anderer Communitys zu vergleichen. Auf jeden Fall freue ich mich darüber, in einer Gesellschaft zu leben, in deren Verfassung, dem Grundgesetz, die Würde und nicht die Ehre an höchster Stelle steht, wie einst in der preußischen Verfassung von 1850. In der Propaganda des Dritten Reiches wurden Begriffe wie »Ruhm« und »Ehre« oft verwendet, um den Dienst in der Waffen-SS zu glorifizieren und die Soldaten zu motivieren. Vielleicht schwingt auch das mit, wenn mir Würde einfach am besten gefällt.

Wenn ich noch einmal einen Blick in die lockere Amateurfußballvereinswelt meines deutschen Freundeskreises werfe, fallen mir natürlich eine Menge Probleme und Herausforderungen ins Auge. Zum Beispiel können die zuvor beschriebenen Gefühle von Distanz zu Einsamkeit und Verlust der zwischenmenschlichen Nähe führen. Diese Lücke füllen oft andere Personen, die einem näherstehen können als manche Verwandten. In einer Stadt wie Berlin, wo es viele Singles und Zugezogene gibt, ersetzt der Freundeskreis oft die Familie. Auch ich habe es als Teil meiner kulturellen Integration übernommen, Freundinnen und Freunde als mir besonders verbundene Menschen in meinem Leben zu betrachten.

Auf die Frage nach dem größten Unterschied zwischen Deutschen einerseits und jüdischen und nichtjüdischen Migranten andererseits würde ich antworten: der Umgang mit der Familie. Deutschland zu verstehen, bedeutet zu begreifen, wie wichtig Eigenverantwortung, Freiräume und die richtige Distanz im familiären Miteinander sind. Für Deutsche hält die Familie eher das Ruder bereit, das jeder für sich frühzeitig in die Hand nehmen will, während sie im jüdischen Umfeld eher als Anker fungiert. Die Familie gibt Halt in stürmischen Zeiten, kann aber Menschen auch daran hindern, sich weiter hinauszuwagen.

Bleibt man beim schon eingeführten Bild, ähnelte die jüdische Familie einem professionellen Fußballverein in der Bundesliga. Es gibt eine Vorstandsvorsitzende, und zwar die jüdische Mutter, sowie einen Aufsichtsrat oder Ehrenpräsidenten, die Großeltern, sowie weiterer ältere und angesehene Familienmitglieder als Beirat, der die Arbeit des Vorstands kontrolliert. Der Vater ist als Sportdirektor für die Erfolge der Mannschaft zuständig, während die Kinder schon früh als Spieler in den Verein einsteigen, mit dem Wissen, dass enorm viel von ihnen erwartet wird. Onkel und Tanten übernehmen die Funktionen des Trainers und Co-Trainers und unterstützen bei der Ausbildung der Nachwuchstalente. Um nicht zu sehr zu schablonisieren: Natürlich gibt es auch deutsche Familien mit derartigen Organisationsstrukturen und jüdische Familien, etwa die meiner Ex-Freundin, die das Patchwork-Modell leben.

Über die »jüdische Mama« und ihr enges Verhältnis zu den Kindern gibt es unzählige Witze und Klischees. Viele davon sind Folklore und einige haben antisemitischen Charakter. Ich spreche hier allerdings aus 25 Jahren »Berufserfahrung« als Sohn meiner jüdischen Mutter. So wunderbar die Nähe auch sein mag, so zerstörerisch kann sie in der Praxis sein, wie es ein alter jiddischer Witz auf die Spitze treibt: »Mama, will ich essen oder will ich trinken?« Im Judentum haben Frauen im Allgemeinen und Mütter im Besonderen einen hohen Stellenwert. Schließlich prägt das halachische Judentum die Zugehörigkeit zu allen anderen jüdischen Glaubensformen, und das ist Matriarchat pur.

Für jede Mutter ist das eigene Kind das Liebste. Für eine Jüdin muss es auch für die anderen das Liebste sein. Davon will sie nicht selten den Freundeskreis, Verwandte und Bekannte überzeugen. Da die meisten jüdischen Mütter dies tun, entstehen Streit und Diskussion, aber es bilden sich auch zukünftige Koalitionen und finden sich potenzielle Ehepartner. Ich bezeichne das gerne als »Sandkasten-Diplomatie«. Von Kindheit an wird zudem außergewöhnlich großer Wert auf Bildung gelegt, insbesondere auf die Kontrolle der Erfolge und Misserfolge. Im Fokus stehen die zukünftigen beruflichen Chancen und im besten Fall die Aussicht, als Anwärter auf das Präsidentenamt eines anständigen Landes in Betracht gezogen zu werden. Auch hier haben die jüdischen Mütter oft die Fäden in der Hand. Wenn die Mutter eine derartig dominante Rolle in der Erziehung hat, wird sie diese natürlich nicht gerne aufgeben, wenn es um Hochzeit, Ehe und die Erziehung der Enkelkinder geht. Die Macht ist oft Selbstzweck, vor allem wenn man sie unkontrolliert ausübt. So würde vermutlich der italienische Philosoph Niccolo Machiavelli argumentieren, müsste er über das Machtverhalten einer jüdischen Mutter schreiben.

Der Lauf des Lebens

Zum irdischen Leben und Leiden gehört der Umgang mit Krankheit, Tod und Verlust unmittelbar dazu. In jeder Religion und Gesellschaft werden diese existenziellen Themen anders behandelt. Natürlich hat jeder seine individuelle Prägung, wie er mit solchen negativen Ereignissen umgeht, aber nicht zuletzt sind es auch die traumatischen Erfahrungen der Vorfahren und kollektive Erinnerungen, die den Unterschied machen. Wie genau unterscheidet sich der Umgang mit Krankheit und Tod tatsächlich? Wo liegen die Vor- und Nachteile der unterschiedlichen Herangehensweisen? Diese Fragen verdienen eine genauere Betrachtung.

Umgang mit kranken Verwandten

Ein anderes wichtiges Thema mit großen Mentalitätsunterschieden ist der Umgang mit Krankheit. In Krankenhäusern habe ich immer wieder festgestellt, dass Menschen mit Migrationshintergrund und Deutsche unterschiedlich mit der Zuwendung durch Angehörige umgehen. Wenn Familien Tag und Nach am Bett eines Kranken wachen, kann das für das medizinische Personal zu einer Herausforderung werden. Ein befreundeter Arzt sagte mir, selten seien die Patientinnen und Patienten das Problem, sondern deren Verwandtschaft. Auch wenn es menschlich nachvollziehbar ist, dass sich Verwandte um ihre Liebsten sorgen, kann es doch auch schaden, wenn sie sich zu stark einmischen.

Ich muss sagen, dass sich fast ausnahmslos alle deutschen Familien, die ich kenne, in solchen Situationen definitiv und spürbar anders verhielten, genauer: deutlich rationaler und adäquater. Zum einen wurde der kranke Verwandte nicht rund um die Uhr bewacht. Zum anderen wurden Emotionen kontrolliert oder kaum spürbar und die Kommunikation beschränkte sich auf das Wesentlichste. So verlief der gesamte Aufenthalt im Krankenhaus etwas weniger dramatisch und im Endeffekt mit dem gleichen Ergebnis, wie mir schien.

Natürlich sind Menschen verschieden und auch die Verhältnisse in Familien nicht immer gleich, ob nun als gebürtiger Deutscher, nichtjüdische Migrantin oder deutsch-jüdischer Ureinwohner, wenn ich über diese drei Vergleichsgruppen spreche. Doch meine vielen persönlichen Erlebnisse und Beobachtungen halfen und helfen mir dabei, ein besseres Verständnis für Deutschland und seine Menschen abzuleiten, das sich aus vielen Puzzleteilen zusammensetzt.

Drum prüfe, wer sich (ewig) bindet

Große Unterschiede bestehen auch beim Thema Partnersuche. Ich denke, dass deutsche Familien diesbezüglich deutlich offener sind als die in meiner jüdischen Community. Zumindest schien es mir so zu sein, dass die Eltern in meinem deutschen Freundeskreis recht wenig Mitsprache hatten, wie und mit wem ihre Kinder verkehrten und wen sie heiraten wollten. Bis auf von einigen wenigen deutschnational geprägten Menschen hörte ich auch selten den öffentlich vorgebrachten Wunsch deutscher Eltern, für ihre Kinder deutsche Partner zu finden. Das ist bei einer religiösen Minderheit durchaus anders. Sie bemüht sich darum, anders als die deutsche Mehrheitsgesellschaft, ihre religiöse und kulturelle Identität beizubehalten. Die Menschen legen dementsprechend viel Wert darauf, dass die Traditionen in der Familie fortgesetzt werden. Es geht weniger um Ausgrenzung anderer, vielmehr um die existenzielle Angst, etwas zu verlieren, wofür in der Vergangenheit so große Opfer erbracht wurden.

Ob willkürlich oder unwillkürlich, lastet auf einem einerseits das schwere Familienschicksal und andererseits die kulturelle und religiöse Identität, die trotz aller Schwierigkeiten beibehalten wurde. Dies führt mich zu der Frage, wieso viele Generationen meiner Vorfahren dies geschafft haben, aber ich es in einer freien Gesellschaft ohne Not und Angst nicht fortsetzen können sollte. Diese Zweifel sind vermutlich den Vorfahren nicht zu verübeln, da der Umgang der Mehrheitsgesellschaft mit ihnen eher durch diskriminierende Erfahrungen gekennzeichnet war. Der Wunsch, mit jemandem aus einer anderen Community als Paar zusammen zu sein, wäre also kaum realisierbar gewesen.

Ein weiteres Puzzleteil des deutschen Familienbildes stellt das Thema Heirat dar: Die beiden Liebenden entscheiden gemeinsam, diesen wichtigen Schritt zu gehen. Allerdings sieht die Praxis anders aus und die Familie, vor allem die älteren Generationen, haben ein großes Mitspracherecht.

Dies äußert sich beispielsweise in subtilen Erwartungen an das Liebespaar. Gut gemeinte Ratschläge, wenn es um die Wahl des Partners oder die Gestaltung der Hochzeit geht, sind keine Ausnahme. Besonders in traditionellen oder konservativen Familien kann der Einfluss der Eltern noch stark spürbar sein, vor allem bei der Durchsetzung eigener moralischer Vorstellungen oder dem Wunsch, familiäre oder religiöse Werte weiterzugeben. Viele nutzen ihre privilegierte Situation aus, um durch finanzielle Unterstützung oder eben Streichung, Druck auszuüben.

Laut Statistischem Bundesamt wollen immer weniger Menschen in Deutschland heiraten. Das Konstrukt Ehe sehen viele als rückständig an, zudem verliert die Ehe den hohen gesellschaftlichen Stellenwert langsam, aber sicher. Die kirchliche Trauung gerät noch weiter in den Hintergrund, die Zahlen der Kirchenaustritte in den letzten Jahrzehnten sprechen Bände. Aber auch standesamtliche Hochzeiten scheinen in Deutschland nicht sonderlich beliebt zu sein.

Mir stellt sich also die Frage: Welche Rolle hat die Familie, wenn es um den einzigen wirklich freiwilligen Freiheitsentzug im Leben eines Menschen geht? Natürlich spielen auch beim Thema Ehe soziale und finanzielle Aspekte eine große Rolle. In Deutschland steigen viele Menschen durchaus spät ins berufliche Leben ein, sodass sie, wenn sie jung heiraten wollen, über wenig Ressourcen verfügen. Die eigene Familie kann in dieser Situation helfen, auch finanziell. Dabei geht es weniger um eine Hochzeit am Gardasee in Italien, sondern eher um Geld für ein neues Kinderzimmer und die vielen Kosten, die auf eine junge Familie zukommen.

Der Wunsch nach Heirat ist nur selten allein mit Liebe und Zuneigung verbunden, vielmehr bedarf das ganze Vorhaben einer soliden Planung. Dabei können Eltern eingebunden werden, was oft nicht ganz freiwillig geschieht. Und wer etwas gibt, fordert (leider) meist auch ein Mitspracherecht. Dieser Umstand spielt in deutschen Familien sicherlich eine kleinere Rolle als in Teilen der migrantischen Communitys. Alle Eltern wollen bekanntlich das Beste für ihre Kinder. Leider begreifen sie oft nicht, dass ihre Kinder schon Erwachsene sind und selbst entscheiden können, wen sie daten und vor allem heiraten wollen. Der Einfluss der Familie auf die Heirat, sowohl inhaltlicher als auch finanzieller Art, lässt sich aus meiner Sicht nicht bestreiten und ist kritisch zu bewerten.

Tod und Trauer

Das Verhältnis zum Ende des irdischen Lebens ist in Deutschland von einer gewissen Nüchternheit und Distanz geprägt. Für mich bedeutete zum Beispiel jede Einlieferung meiner Großmutter ins Krankenhaus schon das Ende der Welt, dies konnten meine deutschen Bekannten nicht verstehen. Dem Versterben ihrer Verwandten sahen sie oftmals mit für mein Empfinden wenig Emotionalität entgegen. Natürlich geht jeder Mensch unabhängig von seiner Herkunft und Abstammung mit solchen Ereignissen auf seine Art um, jedoch finde ich es wie bei anderen Themen auch spannend herauszufinden, ob es gesamtgesellschaftliche Tendenzen gibt. Ich würde den Umgang mit dem Tod in Deutschland als würdig, aber gefasst bezeichnen.

Im Judentum ist der bewusste Umgang mit Trauer und Leid fundamental. Es gibt sogar Gesetze, die einen festen Ablauf vorgeben. Beispielweise markiert die Schiwa von sieben Tagen, die direkt nach dem Begräbnis beginnt, die intensivste Trauerphase. In dieser Zeit isoliert man sich nicht, sondern soll mit möglichst vielen Menschen in Kontakt treten, um die Trauer sofort nach der Beerdigung zu teilen. Daran schließen sich die 30-tägige Schloschim und das Trauerjahr an. Am im Jiddischen als »Jahrzeit« bezeichneten Todestag soll jährlich mit einer Gedenkkerze, einem Licht, an die verstorbene Person erinnert werden.

In so vielen Jahrhunderten der Verfolgung haben die Juden wie kaum ein anderes Volk gelernt, mit dem Tod umzugehen. Dementsprechend gestaltet sich ihr Schmerz anders, viel emotionaler und intensiver, wobei nach dem jüdischen Gesetz nur das irdische Leben endet und ein anderes im Jenseits beginnt. Mich beruhigt der Gedanke, meine liebsten Verwandten eines Tages in der anderen Welt wiederzusehen. Möge er, so mein innigster Wunsch, weit von mir entfernt liegen. Ich bin mir sicher, dass wir alle beim Umgang mit Tod und Trauer viel voneinander lernen können.

Der pragmatischere Umgang mit dem Tod in Deutschland durch zum Beispiel frühzeitige Patientenverfügungen und Bestattungswünsche kann helfen, schwierige Entscheidungen für Angehörige zu erleichtern. Während in einigen Religionen, wie dem Judentum, die Trauer lange andauert und den Alltag dominiert, kann die deutsche Haltung – auch wenn sie manchmal als distanziert wahrgenommen wird – helfen, schneller wieder in den Alltag zu kommen.

Wiederrum können Deutsche lernen, Trauer gemeinsam zu bewältigen und dies nicht individuell zu tun, wie ich es oft erlebt habe. Die Gemeinschaft, ob Freunde oder Nachbarn, kann hier helfen. Das hat im Judentum einen systemischen Charakter, in der dies zum Trauerkonzept dazugehört. Des Weiteren kann eine dauerhafte und langfristige Erinnerungskultur hilfreich sein, das Andenken aktiv zu bewahren und dadurch besser zu verarbeiten. Wer nämlich selbstbestimmt trauert, verliert das Gefühl der Ohnmacht.

5.

Wie Juden sich in Deutschland fühlen – von Integration, Heimat und Dating

»Ich bin noch nie einem echten Juden begegnet«, so die Aussage, die ich in Deutschland unzählige Male gehört habe. Ich gehe mit dem nötigen Humor an die Sache: Meistens biete ich an, meine Hand berühren zu dürfen, um zu erkennen, dass wir zur Überraschung mancher genauso aus Fleisch und Blut sind wie ganz gewöhnliche Menschen. So irritierend sich dieser Satz zunächst anhören mag, ist er doch durchaus nachvollziehbar. Angesichts der etwa 100.000 jüdischen Gemeindemitglieder in Deutschland ist es eher ein seltener Fall, tatsächlich einem Juden zu begegnen. Bei einer Gesamtbevölkerung von rund 83 Millionen Menschen beträgt der jüdische Bevölkerungsanteil nicht mal ein halbes Prozent.

Natürlich kann es auch sein, dass viele Deutsche bereits Juden begegnet sind, ohne es zu wissen. Anders als die Nazis in ihrer Propaganda behaupteten, gibt es keinen einheitlichen jüdischen Phänotyp. Lasst mich euch auch eines verraten: Wir Juden sind äußerst vielfältig. Das macht am besten ein alter jüdischer Witz deutlich: »Warum baut ein Jude auf einer einsamen Insel zwei Synagogen? Ganz einfach, damit er in die eine gehen und die andere meiden kann.«

Wie und vor allem wo sollte ein Durchschnittsbürger überhaupt auf einen jüdischen Menschen treffen? Genau diese Frage stellte mir einmal ein Reporter vom ZDF, der wissen wollte, wo sich junge Juden in Berlin aufhielten. Da ich dies etwas merkwürdig fand, antwortete ich ihm bewusst provokativ, dass man sie im berühmten Technoclub Berghain antreffen könne. Der Reporter schaute überrascht und fragte, was das Berghain für Juden besonders mache. Daraufhin erklärte ich ihm, dass die Frage eigenartig sei, denn junge Juden besuchen diesen Club genauso wie sie Weihnachtsmärkte oder manchmal ein Gotteshaus besuchen. Sie verfolgen ganz normale Hobbys, genau wie ihre gleichaltrigen Bekannten und Freundeskreise. Wenn ich aber ernsthaft darüber nachdenke, wo es sichtbares jüdisches Leben gibt, stelle ich fest, dass es in Deutschland keine jüdischen Viertel gibt, in denen orthodoxe Frauen und Männer in die benachbarten Synagogen eilen oder vor dem Schabbat noch Challah-Brot kaufen. In manchen europäischen Städten wie Antwerpen, Paris, London oder Wien ist es so.

Ich sehe es so: Wenn in einem Land die orthodoxen Juden nicht sicher sind, dann trifft das für alle anderen Juden auch zu. Das Judentum ist nämlich eine Religion, deren Glaube nach außen und mit Stolz gezeigt werden soll. Dies unterscheidet sie grundlegend vom Christentum, dessen Glaube und auch die Religionsausübung sich nach innen kehren. Dieses Thema taucht immer wieder auf, wenn es um Kopfbedeckungen muslimischer Frauen und jüdischer Männer im Staatsdienst geht. Im christlichen Glaubensverständnis sind die äußeren religiösen Merkmale sekundär, im Judentum ist das anders. Ehemals orthodoxe Juden und Aussteiger aus ultra-orthodoxen Communitys erzählen eindrucksvoll davon, wie schwer es ihnen fiel, sich von der Kleiderordnung zu lösen, also das äußere Zeichen ihrer Religiosität zu verlieren. Dennoch ist die Darstellung des Jüdischen allein durch die orthodoxe Erscheinung mit Bart, Kippah und Gebetsschal stark verkürzt. Dass viele Juden säkular und liberal sind, wird dadurch ausgeblendet. Ausgerechnet die breite, farbenfrohe Palette an jüdischen Identitäten und Schicksalen macht das Thema deutsch-jüdisches Verhältnis durchaus auch interessant für Nichtjuden.

Deutschland besser verstehen – Ein jüdischer Blickwinkel

Lässt sich Deutschland demnach besser verstehen, wenn man das jüdische Leben hierzulande besser begreift? Ich habe darauf eine ganz einfache Antwort: Der Zustand einer Gesellschaft wird immer am Umgang mit ihren Minderheiten und den Schwächsten gemessen. Wenn es also orthodoxen, säkularen, linken, rechten, homosexuellen und auch schlechten Juden in Deutschland gut geht, geht es dem gesamten Land gut. Auf jeden Fall ist ein blühendes jüdisches Leben ein guter Seismograf, was den Zustand der Demokratie hierzulande angeht. Für den ehemaligen britischen Premierminister und Nobelpreisträger Winston Churchill bedeutete Demokratie, dass um 6:00 Uhr morgens pünktlich der Milchmann kommt. Für mich sind es jüdische Kinder, die auf dem Weg zur Schule keine Angst zu haben brauchen. Im Pragmatischen liegt eben die Stärke einer Demokratie.

Im Lauf der Menschheitsgeschichte gab es viele Versuche, jüdisches Leben zu verbannen, einzuschränken oder zu verbieten, sei es in Spanien und Portugal oder in Nazi-Deutschland. Geendet hat es meistens nicht glücklich – für die dortigen Mehrheitsgesellschaften. Heute können vertriebene Juden aus den genannten Ländern problemlos die Staatsbürgerschaft erlangen und alle zuvor entzogenen bürgerschaftlichen Rechte zurückbekommen. Immerhin, dies ist ein später Trost.

Daraus schlussfolgere ich eine weitere einfache Erkenntnis, die in den Augen und Ohren von Antisemiten Angst einflößend klingen mag, die für uns Juden am liebsten einen netten Platz auf dem Mond vorgesehen hätten: Wir sind nicht aus Deutschland wegzudenken. Wenn wir also zum Inventar des Landes gehören, wäre es sinnvoll, einige Bilder dieses Lebens nachzuzeichnen und sie in einen deutschen Kontext zu setzen. Auch wenn das christlich-jüdische Abendland immer von Neuem beschworen wird, ist das Wissen über die jüdische Religion, die Traditionen und den Lebensalltag gering. Jüdische Lebenswirklichkeiten sind hier wenig bis gar nicht bekannt und wirken mehrheitlich exotisch. Es handelt sich für viele Menschen, bis auf einige wenige Ausnahmen, um ein eigenes geschlossenes Universum, das hinter hohen Mauern liegt, von der Polizei bewacht wird und weitestgehend von Anonymität geprägt ist. Ein Parteifreund sprach sogar von etwas Mystischem, das dem ganzen Thema innewohnt. Es ist das bekannte Unbekannte im eigenen Land, das es zu entdecken gilt.

Als Ureinwohner dieses Landes, wie erwähnt gibt es hier seit mehr als 1.700 Jahren jüdisches Leben, verbindet uns natürlich viel mit der deutschen Heimat. Gleichzeitig gibt es auch so einiges, was uns bis zum heutigen Tag trennt. Ich denke wirklich, dass Deutschland durch Beobachtung des jüdischen Lebens vor Ort besser verstanden werden kann. Wie es darum bestellt ist, kann als ein weiterer guter Indikator dafür dienen, wie das Land heute dasteht und welche Lehren es aus der Geschichte gezogen hat. Jüdisches Leben hierzulande ermöglicht tiefe Einblicke in die deutsche Geschichte, Kultur und sozialen Dynamiken. Jüdische Menschen prägten das Land und seine Menschen historisch und tun dies in der Gegenwart ebenso. Sie leisten bis heute einen enormen Beitrag für die hiesige Gesellschaft, darunter konkret der Pianist Igor Levit, der Schriftsteller Maxim Biller, die Regisseurin und Schauspielerin Adriana Altaras oder Publizist und Rechtsanwalt Michel Friedman.

Jüdischsein in Deutschland

Heute stelle ich allerdings eine merkwürdige Dissonanz fest: Man könnte sagen, dass Juden in der öffentlichen Wahrnehmung wie ein prächtiger Baum erscheinen, dessen Blätter im Licht der Aufmerksamkeit leuchten, während seine Wurzeln – das alltägliche Leben, die kleinen und unscheinbaren Geschichten – tief verborgen im Schatten bleiben und kaum wahrgenommen werden.

Die meisten Dokumentationen über aktuelles jüdisches Leben in Deutschland ermöglichen zwar einen kleinen Blick auf diesen zarten Baum, sie erscheinen mir aber oft absehbar plakativ und etwas plump. Es sind immer die Schabbatkerzen oder irgendein gefilter Fisch aus der Dose zu sehen. Nicht fehlen darf natürlich die Kippa. Meine jüdischen Welten hingegen finden sich in den Zwischentönen wieder, zum Beispiel in der gut bekannten, lebendigen und vielfältigen jüdischen Diskussionskultur. Und obwohl man in der jüdischen Gemeinschaft hierzulande mehrheitlich Russisch und natürlich Deutsch spricht, kann ich immer wieder die wundersame Welt der jiddischen osteuropäischen Literatur wahrnehmen. Die Charaktere aus den Werken des jiddischen Schriftstellers Scholem Alejchem zum Beispiel erwachen für mich jedes Mal von Neuem in dem großen Shtetl der Weltmetropole Berlin zum Leben. So wie in seinen Erzählungen hat hier jeder Mensch seinen Platz und eine Rolle im Leben, das Ganze wird zusammengehalten durch den Rahmen aus jüdischen Traditionen, der Religion und Kultur. Ich finde es bemerkenswert, wie jüdische Denkweisen in Deutschland weiterhin lebendig sind, selbst in unserer modernen Gesellschaft. Dieses kulturelle Erbe zeigt sich nicht nur in der bewussten Nutzung jiddischer Wörter oder bekannter jüdischer Symbole, sondern vor allem in der feinen Art und Weise, wie Themen behandelt und gedacht werden.

Juden als handelnde und selbstbestimmende Subjekte, was meiner Erfahrung nach junge Juden in Deutschland ausmacht, kommen in der öffentlichen Wahrnehmung eher nicht vor. Es spricht viel dafür, dass sich in diesem Land, trotz aller Probleme und Herausforderungen für die jüdische Gemeinschaft, ein freier Geist entfalten kann. Kaum jemand schätzt diese Freiheit im heutigen Deutschland so stark wie jüdische Menschen. Warum? Weil die Alternativen dazu nur zu gut bekannt sind.

Sicherlich werden viele jüdische Stimmen sagen, dass dieses Selbstbewusstsein trotz und nicht wegen Deutschland entstanden ist. Doch nach meinem Empfinden ist diese Sichtweise eindimensional und verurteilend. Denn wir Juden haben uns bewusst für dieses Land entschieden. Wir möchten als selbstständig handelnde Individuen wahrgenommen werden. Manche mögen dies widersprüchlich finden, aber für mich gibt es gar keine Zweifel, wenn man seinen Lebensmittelpunkt hier hat. Deutschland zu verstehen bedeutet, die hiesigen Juden zu verstehen, und andersherum.

Vielfalt der Juden in Deutschland

Was Deutschland ist, lässt sich weitestgehend politisch und geografisch bestimmen. Wichtig wäre aber auch zu begreifen, was Jüdischsein in Deutschland genau bedeutet. Reden wir überhaupt über deutsche Juden oder Juden in Deutschland? Beides ist richtig, denn es gibt diese zwei unterschiedlichen Personengruppen. Zur ersten gehört eine Minderheit von Menschen innerhalb der jüdischen Gemeinschaft, die vor und nach der Schoah in Deutschland lebten. Dazu zählen Persönlichkeiten wie der 1987 verstorbene Talkmaster Hans Rosenthal oder der 2001 verstorbene Schriftsteller Stefan Heym. Diese Gruppe macht schätzungsweise ein Fünftel aller Juden in Deutschland aus, wobei auch ehemals polnische, rumänische und tschechische Juden vertreten sind. Sie umfasst also grob gesagt alle jüdischen Menschen, die vor dem Jahr 1990 hier lebten.

Diese Personen sind die sogenannten Alteingesessenen, die seit den 1990er-Jahren mit jüdischen Glaubensbrüdern und -schwestern aus der Sowjetunion ein gemeinsames Schicksal in der deutschen Heimat teilen mussten. Diese reibungsvoll innerjüdische Integration wirkte sich auch auf Deutschland aus. Die deutsch-jüdische Welt in den 1990er-Jahren, wie ich sie erlebte, war trotz der Absicht, die sowjetischen Juden in die hiesige jüdische Gemeinschaft aufzunehmen, nicht ganz bereit dafür. Es musste gelernt werden, dass Borschtsch und Bier sowie die Erinnerung an den »Tag des Sieges« mit dem Holocaust-Gedenktag zusammenpassen. Gebetsbücher auf Russisch und Deutsch sollten auch kein Hindernis sein, sondern mussten als Bereicherung verstanden werden.

Die Aufnahme in die eigene jüdische Community war für viele Juden aus der ehemaligen Sowjetunion eine zweite Integration, die sie neben der in die deutsche Mehrheitsgesellschaft zu bewältigen hatten. Die Autorin und Dramatikerin Sasha Marianna Salzmann beschrieb diese schwierigen Umstände treffend als Isolation osteuropäischer Juden. Zwar waren die jüdischen Eingewanderten aus der ehemaligen Sowjetunion, die in den 1990er-Jahren nach Deutschland kamen, zahlenmäßig bald den deutschen Juden überlegen, jedoch mussten sie sich erst emanzipieren, um auch in den Gemeinden aktiv werden zu können. Viele leisteten tatsächlich einen enormen Beitrag zum Aufblühen jüdischer Gemeinden in Deutschland und übernahmen mit den Jahren die Verantwortung.

Die meisten jungen Juden in Deutschland sind die Kinder dieser Eingewanderten aus der Sowjetunion, die aber im Gegensatz zu ihren Eltern tief in der deutschen Gesellschaft verwurzelt sind und sich mehrheitlich integriert haben. Sie machen mich stolz. Anders als sie hatte ich dieses Selbstbewusstsein und diese jüdische Identität damals nicht. Ich hatte aber vielleicht einen Komplex, nicht jüdisch genug zu sein, kompensierte dies dann schnell durch die Aneignung von viel Wissen. Das war mir gut bekannt, denn ich hatte diese Strategie bereits bei meinem Deutschwerden genutzt.

Es mag Ironie des Schicksals sein, ausgerechnet in Deutschland die eigene jüdische Identität zu finden. Das gehört auch zu den Folgen und Wundern des 20. Jahrhunderts. Wenn ich in Deutschland auf meine Herkunft angesprochen wurde, hörte ich oft folgende Bemerkung: »Ah, finde ich schön, dass Sie jüdisch sind. Ich habe auch jüdische Freunde.« Bei dieser Bemerkung fällt mir unwillkürlich Ignatz Bubis ein, der von 1992 bis 1999 Präsident des Zentralrats der Juden in Deutschland war. In einem Interview mit dem Journalisten Hermann L. Gremliza für die Zeitschrift »konkret« (Ausgabe 2/99) sagte er: »Ich bekomme sogar schon ein leichtes Schütteln, wenn jemand, der mir guten Tag sagt, mir gleich sagen muß: Die besten Freunde meiner Großeltern waren Juden. Ich frage dann zurück: Würden Sie einem Katholiken auch sofort erzählen müssen, dass die Freunde ihrer Großeltern katholisch waren?«

Eine weitere wichtige Gruppe, die fest zum jüdischen Leben in Deutschland gehört, besteht aus jüdischen Israelis und Juden aus dem EU-Ausland. Diese Zugewanderten erhalten viel Aufmerksamkeit in den Medien, was sie als Vertrauensbeweis und positives Signal für das neue Deutschland werten. Viele dieser Menschen scheinen vor der zunehmenden Politisierung in ihren Herkunftsländern geflohen zu sein und finden in Berlin, der Stadt der Freiheit, einen farbenfrohen und unpolitischen Zufluchtsort. Interessanterweise entdecken viele von ihnen erst hierzulande ihre jüdische Identität oder sogar ihren Glauben wieder. Das tun sie nicht unbedingt freiwillig. Denn: Sie sind nicht nur Künstler, Köche, DJs oder IT-Spezialisten, sondern werden eben auch als Juden wahrgenommen – ob sie diese Identität leben oder nicht. Auch in den Synagogen spiegelt sich diese Vielfalt an jüdischen Glaubensformen wider.

Die jüdische Gemeinschaft in Deutschland steht mit anderen Gemeinden weltweit in enger Verbindung. Diese befassen sich auch mit Deutschlands internationaler Rolle und der damit verbundenen Verantwortung, jüdisches Leben zu fördern und zu schützen. Für viele jüdische Menschen weltweit ist es nach wie vor ungewöhnlich, dass Juden in Deutschland leben. Als ich einmal im ultraorthodoxen Viertel Mea Schearim in Jerusalem unterwegs war, sprach mich ein älterer orthodoxer Mann auf Jiddisch an und fragte mich, woher ich käme. Ich antwortete ihm ebenfalls auf Jiddisch – die Sprache hatte ich bei meinen Großeltern gelernt –, dass ich aus Berlin stamme. Er zeigte sich sehr erstaunt und fragte, ob es wirklich Juden in Deutschland, in Berlin gebe und ob nicht alle in den Lagern umgekommen seien.

Das Verhältnis zur Heimat

Wenn ich mit Polen in Deutschland spreche und sie danach frage, welche Rolle und Bedeutung ihre polnische Heimat für sie hat, sagen sie mir stets, wie wichtig doch für sie das Land östlich der Oder ist. Auch wenn sie schon seit Jahrzehnten hierzulande leben, mit Deutschen verheiratet sind und sich mit Deutschland vollkommen identifizieren, wie zum Beispiel der ehemalige Nationalspieler Miroslav Klose, vergessen sie Polen nicht.

Viele Deutsche, die im Ausland leben, spüren ebenso eine enge Bindung zu Deutschland. Ich rede hier über große deutsche Gemeinden in Nord- und Südamerika sowie natürlich die deutschen Minderheiten in den Ländern Europas. Sie fühlen sich zum Deutschen hingezogen, auch wenn es sich nur um Literatur oder Omas Kuchenrezept handelt.

Einem Deutschen im Ausland würde niemals unterstellt werden, dass er der Mehrheitsgesellschaft gegenüber illoyal oder es verwerflich ist, sich mit der deutschen Heimat auseinanderzusetzen. Bei Juden jedoch wird ständig genau das getan. Deutsche dürfen sich mit Deutschland identifizieren, sogar wenn sie nie deutschen Boden betreten haben. Bei Juden verhält es sich oft genau anders, wenn sie sich dem Staat Israel verbunden fühlen. Für viele ist er ein Urlaubsort, einige haben dort viele Verwandte und Freunde und für Dritte bedeutet er auch eine Art Versicherung. Jeder Jude in der Welt genießt das Rückkehrrecht nach Israel und kann somit von heute auf morgen die israelische Staatsbürgerschaft annehmen. Die glühende Hitze gibt es inklusiv im Paket dazu.

Es handelt sich häufig um einen Ort der Sehnsucht, einen sicheren Hafen in der Not. Vielen Juden in Deutschland geht es nicht um die Staatsbürgerschaft oder gar Loyalität zur israelischen Regierung. Häufig werden sie für deren Handlungen verantwortlich gemacht, doch sie haben diese nicht gewählt und kennen sich in der israelischen Politik gar nicht gut aus. Ich denke, dass in den USA oder Argentinien den Deutschen nicht vorgeworfen wird, für die Handlungen einer SPD- oder CDU-geführten Bundesregierung verantwortlich zu sein. Schließlich haben viele genauso wenig für sie gestimmt wie Juden in Deutschland für die Regierung des langjährigen israelischen Ministerpräsident Benjamin Netanjahu, genannt Bibi. Die große Mehrheit der Juden in Deutschland würde sich als israelsolidarisch oder proisraelisch bezeichnen, was nicht damit einhergeht, alles gutzuheißen, was dort geschieht. Diese Ausrichtung ist definitiv Mainstream.

Mir ist unverständlich, dass es in Deutschland wieder Brandanschläge auf Synagogen gibt, die unter dem Deckmantel der legitimen Israelkritik verübt werden. Wem würde es schon in den Kopf kommen, eine deutsche protestantische Kirche in Kasachstan anzuzünden, weil man die Bundesregierung schlecht findet? Ich habe, wie die meisten Juden in Deutschland, ein großes Interesse an Israel. Die Geschehnisse vor Ort sind mir definitiv nicht egal, insbesondere in Kriegszeiten und weil der Nahostkonflikt auf den deutschen Straßen angekommen ist. Auch hier in den jüdischen Gemeinden wird er deutlich spürbar und sichtbar. Rote Winkel und andere israelfeindliche Sticker gehören gerade nach dem Überfall der Hamas auf Israel am 7. Oktober 2023 zum Alltag dazu, der sich immer bedrohlicher anfühlt.

Der israelische Soziologe Natan Sznaider beschrieb auf einer Tagung zum Thema Zionismus treffend die Betroffenheit und Verbindung zwischen Juden in Israel und weltweit so: »Nie war Israel jüdischer als heute und die Diaspora israelischer.« Selbst wenn man sich mit Israel nicht befassen will und keinen Bezug zum Land hat, gibt es einige Menschen, ob politisch oder privat, die einen daran erinnern. Ich persönlich habe mich für den Weg entschieden, diese Verbindung selbst proaktiv zu betonen, bevor es andere und vor allem falsch für mich tun.

Ob sich nun jeder Jude in Deutschland als überzeugter Zionist bezeichnen würde, möchte ich bezweifeln. Allerdings verbindet die jüdischen Menschen, die dieser Ideologie folgen, der Wunsch nach Selbstbestimmung und Anerkennung, was ihr gutes Recht ist. Wir sehen, wie sich die Welt für Juden in Israel heute gestaltet. Doch wir kennen die traurige Alternative viel besser – das Bild des ewig wandernden Juden, geprägt durch die europäische Geschichte. Heimatlosigkeit und Isolation waren über viele Jahrhunderte für Juden Realität, die auf tausendjähriger Verfolgung mit der Schoah als grausigem Höhepunkt beruhten. Damit wurde der israelischen Staatlichkeit ein Ende gesetzt.

Gelebte Kultur

Gerade viele junge Juden, die selbstbestimmt und sicher auftreten, sehen sich als Widerstandskämpfer gegen Judenhass. Sie sind nicht bereit, tatenlos zuzusehen und sich ihrem Schicksal einfach auszuliefern. Doch sie kämpfen nicht für sich selbst, sondern für eine gemeinsame deutsche Heimat und für alle freiheitsliebenden Menschen. Das tut auch die »Eda«. Auf Hebräisch bedeutet das Wort »Glaubensgemeinschaft«, was es bedeutet, wird in der jüdischen Kindererziehung sehr früh vermittelt. Was in Deutschland kaum bekannt ist, aber für viele jüdische Jugendliche zentrale Bedeutung im Leben hat, sind Jugendzentren der Gemeinden sowie die Feriencamps (hebräisch »Machane«). Dort erfahren die Teilnehmenden mehr über ihre Religion, Tradition und Herkunft, was vor allem hilfreich ist, wenn sie wie ich von zu Hause nichts darüber wissen. Oft betrifft dies osteuropäische Juden, die ähnlich wie die Menschen aus der ehemaligen DDR mit Gott und Religion nur wenig anzufangen wissen. Der Anteil von Konfessionslosen in Ostdeutschland liegt laut der evangelischen Kirche in Deutschland heute bei 70–90 Prozent im Jahr 2020. Die These »Gott ist tot« von Friedrich Nietzsche scheint hier gefruchtet zu haben.

Ferienlager gab und gibt es auch in Deutschland. Diese wurden vor allem von sozialistischen Jugendorganisationen wie den Falken angeboten, aber zum Beispiel auch von christlichen Jugendgruppen. Für jüdische Jugendliche eröffnen sich bei solchen Reisen Schutzräume, in denen sie voneinander lernen und ein Stück Gemeinschaft erleben können. Jüdische Kindergärten, Grundschulen und Gymnasien übernehmen diese Aufgabe ebenfalls, doch es gibt nur wenige und die sind meist nur in Großstädten zu finden. Jugendzentren hingegen finden sich in vielen kleineren und mittleren Gemeinden, wo sie Großes leisten.

Im Internet wird die Präsenz des Judentums in Deutschland ebenfalls sichtbar. Ich merke, wie die Digitalisierung auch den jüdischen Alltag immer mehr prägt. Zwar werden digitale Räume oft für Hass und Hetze gegen Juden genutzt, doch häufig werden auch positive Beiträge eingestellt und geteilt, zum Beispiel bei Instagram zu hohen jüdischen Feiertagen. Was sich vor dem digitalen Zeitalter zu Hause am Familientisch abspielte, kann nun mit vielen Menschen geteilt werden und positive Energie erzeugen. Die jüdische Diskussionskultur ist ebenfalls bei X (ehemals Twitter) gut vertreten und nicht zu überhören. Schließlich hat jeder Jude in Deutschland im eigenen Netzwerk einen nichtjüdischen Freundeskreis und Bekannte, die auf diese Weise etwas mehr über die jüdische Kultur erfahren, beispielsweise über die Art des Gedenkens im Judentum. In diesem Zusammenhang lässt sich Digitalität als Chance begreifen, der Welt etwas über das Judentum in Deutschland zu erzählen.

Auch im jüdischen Sport, vor allem im Sportverein Makkabi Deutschland, findet sich der schon beschriebene Schmelztiegel verschiedener kultureller und religiöser Hintergründe und trägt viel zum jüdischen Selbstverständnis in Deutschland bei. Wo sonst trägt man einen blauen Davidstern und eine Deutschlandflagge gleichzeitig auf der Brust und steht damit für Judentum und Deutschland vereint?

Auf dem Fußballfeld, an der Tischtennisplatte oder beim Basketballturnier repräsentieren in über 40 Makkabi-Ortsvereinen in Deutschland mehr als 5.500 jüdische und nichtjüdische Mitglieder ein modernes Judentum.

Neben jüdischen Jugendzentren und Sportvereinen besteht ein lebendiges jüdisches Kulturleben mit vielen verschiedenen Veranstaltungen und Partys. Gemeinsam mit einem guten Freund organisierte ich über viele Jahre hinweg jüdisch-deutsch-israelische Partys, um die positive Wahrnehmung des Judentums in der Öffentlichkeit zu fördern. In unzähligen Presseartikel sorgte ich als »DJ Technojude« für Aufmerksamkeit, auch weil sich viele Menschen danach sehnten, das Judentum mit etwas Positivem zu verbinden. Ich dachte also ganz simpel: Ich bin Jude und ich liebe Techno. Also bin ich ein »Technojude« und bringe ein anderes Bild in das deutsch-jüdische Verhältnis ein.

Der Blick auf die deutsch-jüdische Gegenwart scheint mir insbesondere vor dem Hintergrund der langen deutsch-jüdischen Geschichte besonders bedeutsam zu sein, denn erst der Alltag gewöhnlicher Menschen erzeugt das große Bild. Was bedeutet Jüdischsein, außerhalb der jüdischen Bubble, auf der Arbeit, im nichtjüdischen Freundeskreis oder beim Dating? Wie gut funktioniert das deutsch-jüdische Verhältnis in diesen Bereichen konkret?

Jüdischsein in der Arbeitswelt

Ich denke, dass für viele Religionszugehörigkeit nicht unbedingt etwas bei der Arbeit zu suchen hat. Viele wollen ihre religiöse Identität oder ihren Glauben nicht offenlegen. Für die konkreten Aufgaben und Jobs spielt das auch keine Rolle. Vielmehr ist es ein Hinweis darauf, dass Menschen zum einen Berufliches und Privates trennen und zum anderen sich nicht ausschließlich durch ihre Religion oder Herkunft identifizieren lassen wollen. Das gilt für Juden nicht anders wie für Christen, Muslime oder Konfessionslose.

Der Arbeitsplatz ist allerdings kein isolierter oder komplett apolitischer Raum, wo nur über Arbeitsabläufe und Unternehmensziele gesprochen wird, sondern hier hat auch Privates seinen Platz. Dementsprechend kann ein neutrales und sachliches Gespräch sich schnell wandeln und in eine merkwürdige Richtung gehen. Das erlebte ich, als ich im öffentlichen Dienst tätig war. Meine Kollegin, die wusste, dass ich jüdisch bin, machte eine befremdliche Bemerkung über den Angriff auf den Deutschen Bundestag, den Rechtsextreme und Menschen, die Corona leugneten, durchgeführt hatten. »Die Synagoge in der Oranienburger Straße ist besser bewacht als der Deutsche Bundestag. Ich glaube nicht, dass sie wichtiger ist als der Regierungssitz.« Hier sind die Interpretationsräume aus meiner Sicht nicht groß und mir war klar, was sie damit sagen wollte. Sie spielte auf die vermeintlich privilegierte Stellung von Juden in Deutschland an, die sie so auslegte, dass selbst der Bundestag im Vergleich wohl nicht so wichtig sei. Damit verknüpfte sie zwei vollkommen unterschiedliche Themen, die nichts miteinander zu tun haben. Vermutlich steckt auch ein altes, gut bekanntes antisemitisches Ressentiment von der Übermacht der Juden dahinter.

In solchen Situationen kann es nicht mehr darum gehen, neutral zu bleiben, sondern es muss widersprochen werden, finde ich. Und das tat ich auch, jedoch ohne die Angelegenheit an eine höhere Stelle weiterzugeben. Ich höre ähnliche Geschichten von jüdischen Freunden aus der Arbeitswelt, wo die Herkunft unterschwellig doch zum Thema wird.

Alle nichtjüdischen Menschen in meinem sozialen Umfeld wissen, wer ich bin und für was ich stehe. Das war nicht immer so, denn ich hatte auf Empfehlung meiner Eltern meine jüdische Identität viele Jahre versteckt. Sie befürchteten, dass ich sonst Probleme in der Schule kriegen und/oder Diskriminierung erleben würde. Inzwischen sehe ich das anders. Ich denke nicht, dass jeder nichtjüdische Nachbar von nebenan das jüdische Morgengebet oder die Unterschiede zwischen dem Frankfurter und dem Berliner Ritus beim Gebet kennen muss, aber eine grundsätzliche Sympathie für meine Herkunft bedeutet auch Sympathie für mich als Person, denn sie ist unzertrennbar mit mir verbunden. Ich wünsche jedem Menschen von Herzen, als ein Ganzes wahrgenommen zu werden, ohne dass er die eigene Identität oder seine Ansichten verstecken muss – Einheit in der Vielfalt eben.

Alltags-Jew: Dating mit Missverständnissen

Und wie funktioniert das mit dem Jüdischsein beim Dating? Als »Halbjurist« mit einem Bachelorabschluss im Fach öffentliches Recht antworte ich typischerweise: »Es kommt darauf an.« Nach dem 7. Oktober 2023 hat sich die Dating-Welt in ein Meer aus Wassermelonen verwandelt. Nicht, weil die Frucht besonders sexy wäre, sondern weil immer mehr Menschen sich mit der palästinensischen Sache solidarisieren. Die Farben der Wassermelonen sind nämlich auch die Nationalfarben Palästinas.

Einige jüdische Singles, zu denen auch ich gehöre, bevorzugen es, ihre Identität von Anfang an offenzulegen, um Missverständnisse zu vermeiden. Bisher waren meine Erfahrungen überwiegend positiv, insbesondere stieß ich auf großes Interesse am Judentum. Ich musste bereits folgende Nachfragen beantworten: »Wie heißt eure Kirche noch mal? Irgendwas mit Syna...?« Oder: »Esst ihr wie die Muslime auch kein Schwein?« Natürlich kenne ich auch viele Menschen, die abwarten, bevor sie so etwas Privates wie die jüdische Identität mit jemandem teilen. Einige möchten auch aus Sicherheitsgründen ihr Gegenüber erst einmal besser kennenlernen. Viele jüdische Singles berichten von unangemessenen Kommentaren oder unangenehmen Fragen über den Nahostkonflikt oder sogar die Schoah. Solche Momente können gerade in intimer Atmosphäre besonders unangenehm werden.

Die meisten positiven und negativen Erfahrungsberichte über Dating in Deutschland haben eines gemein: Sie zeugen von Unwissenheit und einer geringen Sensibilität. Da vielen Menschen die jüdischen Realitäten wenig bekannt sind, gibt es viel Potenzial für Missverständnisse. Doch beim Date bin ich kein Rabbi, sondern ein privater Mensch. Ich will über spannende Dinge reden, statt ständig Kommentare zum jüdischen Verständnis von Tierschutz, Stellungnahmen zu UN-Resolutionen oder Amnesty-Berichten abzugeben.

Ab aufs Spielfeld

Alles in allem bin ich davon überzeugt, dass Begegnungen, ob bei der Arbeit, im Freundeskreis oder beim Dating, dabei helfen, Vorurteile abzubauen. Das deutsch-jüdische Verhältnis, das für viele keine Liebesheirat war und ist, wie der Publizist Rafael Seligmann treffend formulierte, würde durch mehr Austausch normaler werden. Doch was ist schon normal? Vielleicht etwas Reguläres und Alltägliches wie die Sichtbarkeit in Cafés, Kinos und öffentlichem Raum. Die Emanzipation der Juden, die im 19. und frühen 20. Jahrhundert aus den Ghettos und abgetrennten Vierteln in alle möglichen gesellschaftlichen Sphären strebten, muss im 21. Jahrhundert weitergeführt werden – eine Art Nathan der Weise 2.0.

Das gilt auch für die politischen Parteien, zum Beispiel die SPD, in der ich Mitglied bin und die eine lange jüdische Tradition hat, angefangen bei Ferdinand Lassalle über Paul Singer bis hin zu Fritz Bauer und Jeanette Wolff. Hier sollte dieser Weg ebenfalls fortgesetzt werden. Doch gibt es noch viel Nachholbedarf. Das wurde mir besonders bewusst, als ich mich für jüdische Eingewanderte und ihre Renten einsetzte. Als junger Mensch, der sich politisch und jüdisch engagierte, sah ich die dringende Notwendigkeit, mehr für die sozialen Belange dieser Menschen und gegen Altersarmut zu tun. Wer, wenn nicht die SPD, sollte sich diesen Herausforderungen stellen und Lösungen bieten? Solche Entwicklungen können nur von innen heraus angestoßen werden.

Am Spielfeldrand zu stehen bringt wenig – das ist meine Überzeugung. Deshalb sagte ich neulich bei einem Seminar vor vielen jüdischen Jugendlichen: »Bringt euch ein und ändert etwas!« Wie heißt es im Solidaritätslied von Bertolt Brecht und Ernst Busch so treffend? »Wessen Morgen ist der Morgen? Wessen Welt ist die Welt?« Wir alle können unsere Verantwortung wahrnehmen und unser gemeinsames Leben zumindest ein kleines bisschen mitgestalten.

6.

»Wenn Opa einen Autounfall gebaut hat ...« – Sicht auf die Schoah in Deutschland

»Meine eiserne Regel in all den Jahren, in denen ich an ›Schoah‹ arbeitete, lautete: Ich verstehe nicht«, sagte der französische Regisseur Claude Lanzmann in einem Interview mit der Frankfurter Allgemeinen Zeitung im Januar 2010 über sein filmisches Meisterwerk. Diese Erkenntnis lässt sich nicht nur aus der Filmarbeit zu diesem Thema ziehen, sondern kann generell angesichts des in der Menschheitsgeschichte beispiellosen Verbrechens an den europäischen Juden gelten. Seit Erscheinen dieses einzigartigen Dokumentarfilms wird der Begriff »Shoah« verwendet, die wohl zutreffendste Bezeichnung für den Völkermord an den Juden Europas, also dem Holocaust. Das Wort stammt aus dem Hebräischen und bedeutet »Katastrophe«. Wenn auch seine übliche Bedeutung nicht im Geringsten den Schmerz unsagbaren Ausmaßes beschreiben kann, an den einige Menschen immer wieder durch eine tätowierte Nummer auf dem Unterarm erinnert werden. Ich als Enkelkind von Schoah-Überlebenden trage ihn eingebrannt in meine Seele.

Die Schoah ist Teil meiner persönlichen Familiengeschichte, zugleich Teil der kollektiven Erinnerung der Juden. Ich denke, dass sie aus dem deutschen Bewusstsein ebenfalls nicht wegzudenken ist. Die Verantwortung Deutschlands für dieses Verbrechen lässt sich nicht bestreiten. Ich gehe hier von der Prämisse aus, dass die Vergangenheit uns alle prägt und wir uns unabhängig von unserer Herkunft oder Religion damit befassen. In einer ehemaligen mehrheitlichen Tätergesellschaft wie der deutschen stellt das historische Erbe eine belastende Herausforderung dar. Niemand kann sich ihr entziehen. Jeder – ob Politiker, Busfahrer, Handwerker oder Lehrerin, muss sich damit auseinandersetzen, wobei natürlich der Umgang damit sehr unterschiedlich ausfällt.

Grundsätzlich ist es nicht ungewöhnlich und sogar menschlich, negative Ereignisse aus unseren Köpfen zu verdrängen, umzudeuten oder zu relativieren. Die Schuldabwehr gehört zur früheren Bundesrepublik dazu. Sie muss kritisch bewertet werden. Deutschland ist mit den Themen Verdrängung und Abwehrhaltung gegenüber der eigenen Geschichte nicht allein in der Welt. Jede Nation hat ihre Lasten und Sünden aus der Vergangenheit, zum Beispiel unterdrückende Regime, Militärdiktaturen oder diskriminierende Gesetze.

Allerdings ist die Schoah kein Gewaltverbrechen unter vielen. Sie bedeutet für das deutsche Volk einen derartig fundamentalen Einschnitt mit enormen Auswirkungen, die nicht verdrängt werden dürfen. Es handelt sich hier um ein singuläres Verbrechen, das der Soziologe und Philosoph Dan Diner vollkommen zu Recht als »Zivilisationsbruch« bezeichnete. Die Schoah markiert seiner Auffassung nach eine Zäsur in der Entwicklung der Zivilisation, aus der sich viele Deutsche während der zwölf Jahre NS-Zeit verabschiedet haben.

Warum dieses Verbrechen für Deutsche heute so besonders und relevant ist, beschrieb der ehemalige Bundeskanzler Helmut Schmidt in seiner kühlen hanseatischen Art sehr treffend anlässlich einer Ausstellungseröffnung: »Die Nazis sind 1933 nicht mit dem Ufo gelandet.« Was er damit zum Ausdruck bringen wollte: Es waren Menschen, deutsche Menschen, die das getan haben, was während der Schoah passierte. Keiner kann der Frage, wie es dazu kommen konnte, ausweichen. Aktuell besonders brisant: Wie kann ein derartiges völkisches, menschenverachtendes Gedankengut gestoppt und verhindert werden?

Auschwitz steht nicht nur für das Versagen der Deutschen, sondern der Menschheit im Allgemeinen. Menschen begingen die Verbrechen und Menschen hätten das verhindern können. Ich bin fest davon überzeugt, dass so etwas nie wieder geschehen darf. Deshalb sind wir alle verpflichtet, uns an diese schreckliche Zeit zu erinnern und rechtzeitig zu reagieren, um zukünftig Fehler zu vermeiden und aus der Vergangenheit zu lernen. Für Deutsche gilt dies ganz besonders, meine ich.

Was ist dieses »Nie wieder« eigentlich wert, das in jeder Dokumentation von Guido Knopp, jeder Rede von Marcel Reich-Ranicki und an jedem Gedenktag mantramäßig wiederholt wurde und wird? Was ist dieses »Nie wieder« wert, wenn der tödliche Geist des Judenhasses immer wieder und wieder einen Weg in die Gesellschaft findet und sie von innen zerfrisst und spaltet? Antisemitismus hat offiziell keinen Platz in Deutschland – außer auf Spielplätzen, in den Hörsälen der Universitäten, in ärztlichen Praxen, Opern, Büros und Werkstätten. Judenhass ist sehr lebensfähig und er erfindet sich über viele Jahrhunderte immer neu: vom Antijudaismus des Mittelalters über rassistischen Antisemitismus der Moderne bis hin zu neueren Formen wie dem israelbezogenen Antisemitismus. Ich frage mich, wie weit die Büchse der Pandora inzwischen wieder geöffnet ist, wenn es um Antisemitismus in unserem Land geht. Wo ist der Aufstand der Anständigen, wie ihn im Jahr 2000 Gerhard Schröder, der damalige Bundeskanzler, und später noch einmal Paul Spiegel, der Präsident des Zentralrats der Juden, forderten?

Alle historischen Ereignisse zusammengenommen verblassen im Schatten des Schreckens von Auschwitz-Birkenau, Belzec, Chelmno,

Majdanek, Treblinka, Sobibor und weiteren Tausenden Orten der Vernichtung und Verfolgung des jüdischen Volkes während der Schoah. Bei einem Zivilisationsbruch gibt es immer ein Davor und ein Danach. Für jeden Einzelnen von uns bedeutet dies, nicht in der Vergangenheit zu verharren, aber stets vor Augen zu haben, was getan werden muss, damit sich so etwas wie die Schoah nicht wiederholt – oder um es mit Theodor W. Adornos Worten aus einem Radiovortrag von 1966 auszudrücken: »Dass Auschwitz nie wieder sei!«

Nirgendwo liegen Glanz und Niedergang Deutschlands symbolisch so eng beieinander wie in Weimar und Berlin-Wannsee. Das ehemalige Konzentrationslager Buchenwald auf dem Ettersberg liegt sehr nahe bei Weimar, das Haus, in dem die Wannseekonferenz stattfand, befindet sich in der Nähe der Villa Liebermann in Berlin. Ich empfehle jedem Neuankömmling in Deutschland, diese beiden Orte zu besuchen, um dieses Land besser kennenzulernen. Mir persönlich hat es zu mehr Verständnis verholfen. Hier zeigt sich, dass Vergangenheit, Gegenwart und Zukunft nicht isoliert voneinander betrachtet werden dürfen, sondern vielmehr topografisch, moralisch und geschichtlich nah beieinanderliegen.

Das kollektive Gedächtnis

Fakten aneinanderzureihen und Orte der deutschen Verbrechen zu erhalten, das reicht oft nicht aus, um Geschichte zu vermitteln und eine Haltung dazu entwickeln zu können. Dafür braucht es mehr. Hier knüpft das Konzept des »kollektiven Gedächtnisses« an, das maßgeblich der deutsche Ägyptologe und Kulturwissenschaftler Jan Assmann entwickelte. Assmann hat diesen Begriff als eine Form des kulturellen Gedächtnisses definiert, auf dem die Art und Weise gründet, wie eine Gesellschaft ihre Vergangenheit konstruiert, bewahrt und interpretiert. Ich schließe mich Assmann an, der zwischen dem individuellen Gedächtnis, das sich auf die persönlichen Erfahrungen und Erinnerungen einer einzelnen Person bezieht, also Kindheitstrauma oder Jugendsünde, und dem kollektiven Gedächtnis, das die geteilten Erinnerungen und Narrative einer Gruppe oder Gesellschaft umfasst, unterscheidet.

Narrative zur Geschichte und ihre Entstehung

Die deutsche Nachkriegsgesellschaft seit den 1950er-Jahren wurde als demokratische und mündige Bürgergesellschaft geformt, Symbole waren dabei von großer Bedeutung. Der Kniefall von Willy Brandt vor den Kämpfern des Aufstands am Denkmal im ehemaligen Warschauer Ghetto am 7. Dezember 1970 etwa war eine starke Geste, die bleibenden Eindruck beim deutschen Volk und in der internationalen Gemeinschaft hinterließ. Ein ehemaliges Opfer fällt aus Verantwortung und Demut auf die Knie, weil ihm die Worte versagen. Er selbst hatte Deutschland verlassen müssen und war ins norwegische Exil gegangen. Diese aufrichtige, mutige und anständige Tat des damaligen Kanzlers war für mich ein entscheidender Grund, in die SPD einzutreten. Auch über 50 Jahre später hat diese Geste nichts von ihrer Wirkkraft verloren und motiviert mich immer wieder aufs Neue, Teil der deutschen Sozialdemokratie sein zu wollen.

Demnach spielt auch die Kommunikation eine herausragende Rolle, wenn es um das kollektive Gedächtnis geht. Indem Rituale, Geschichten, Denkmäler, Medien und Bildungsinstitutionen bestimmte Ereignisse, Ideen sowie Informationen über Personen kontinuierlich weitertragen, werden sie im kollektiven Bewusstsein verankert. In jeder deutschen Stadt gibt es eine Goethe- oder Schillerstraße, einen Adenauer- oder Willy-Brandt-Platz, zudem ein Denkmal für berühmte Söhne oder Töchter einer Stadt, sofern vorhanden. Auch schwierige Persönlichkeiten wie Hindenburg oder Wagner finden sich in den Namen deutscher Straßen und Plätze wieder. In Heinrich Heines Geburtsstadt ist sogar eine Universität nach ihm benannt. Die Stadt Magdeburg heißt auch Ottostadt, um an Kaiser Otto I. (Otto der Große) und den deutschen Physiker Otto von Guericke zu erinnern.

Jan Assmann führt darüber hinaus aus, dass das kollektive Gedächtnis selektiv arbeitet und dazu neigt, bestimmte Ereignisse zu betonen und andere zu vernachlässigen, je nach den Bedürfnissen und Interessen einer Gesellschaft. So kann es zu Deutungskämpfen, Opferkonkurrenz und Auseinandersetzungen kommen, die die gesamte Gesellschaft spalten und verschiedene Gruppen von Menschen oder Minderheiten gegeneinander aufbringen. Eine Gesellschaft als Gesamtheit konstruiert ihre Erinnerungen. In einigen Ländern ist dies in der Tat identitätsstiftend, wie der Sturm auf die Bastille in Frankreich 1789, die Ermordung Tausender polnischer Offiziere in Katyn 1940 oder der Tag der Gründung der türkischen Republik durch Mustafa Kemal Atatürk 1923. Ereignisse wie diese und die damit verbundenen Persönlichkeiten prägen bis heute die Identität der betreffenden Nationen. Sie sitzen tief im Bewusstsein der Menschen und sind nicht wegzudenken.

In der deutschen Gesellschaft besteht weitestgehend Einigkeit darüber, dass die Zeit des Nationalsozialismus und besonders die Schoah fest im kollektiven Gedächtnis verankert sind. Das blieb unabhängig von den wechselnden Regierungen Konsens. Die Frage in Deutschland ist daher nicht, ob, sondern wie an die Schoah richtig und aufrichtig erinnert werden kann. Welche Lehren zieht eine Gesellschaft aus dieser Zeit? Was damals passierte, begann nicht mit den Gaskammern von Auschwitz, sondern bereits viel früher. Zuerst fielen die Hemmungen und erst dann wurden aus Worten Taten. Ich frage mich oft, wie damit heute umgegangen wird. Es ist ja nicht so, dass jeder und jede in diesem Land morgens aufsteht und sich fragt, welche Verantwortung er oder sie für die Taten seiner Vorfahren trägt. Viele Menschen leben im Hier und Jetzt, im Augenblick. Oder haben ihren eigenen Umgang mit dem Geschehen gefunden.

Vor ein paar Jahren besuchte ich eine Open-Air-Party in Berlin-Kreuzberg. Dort kam ich mit einem Mann ins Gespräch, der Anfang 40 und aus Schwaben nach Berlin zugezogen war. Zwar hatte er etwas getrunken, war aber in jedem Fall Herr seiner Sinne. Wir unterhielten uns lebhaft über Deutschland und kamen auf das Thema Vergangenheitsbewältigung zu sprechen. Ich spürte, dass er sehr aktive Abwehrmechanismen hinsichtlich der Verantwortung für die Gräueltaten des Nationalsozialismus hatte. Er sprach den einen prägenden Satz aus, der mir noch Jahre später nicht aus dem Kopf geht: »Na ja, wenn Opa vor zig Jahren einen Autounfall gebaut hat, bin ich ja heute nicht schuld daran.«

Ich weiß nicht mehr, was ich antwortete, aber einem Autounfall, also ein Versehen, und einen bis ins kleinste Detail geplanten Völkermord zu vergleichen, schockierte mich nachhaltig. Und ich bekam einen Eindruck, wie die Gedankengänge einiger Menschen aussehen. So einen Satz sagt niemand, der sich tatsächlich Gedanken gemacht hat über die Vergangenheit. Dieser wird damit in Deutschland sicherlich nicht allein sein.

Ein weiteres Beispiel für einen unerträglichen Umgang mit der Schoah und der deutschen Verantwortung vermittelt der Gangsta-

Rapper Kollegah. Felix Blume, wie er bürgerlich heißt, machte sich im Rap-Geschäft einen Namen mit brachialen Reimen, einem machohaften Stil, Frauenfeindlichkeit, Homophobie und Antisemitismus. Bemerkenswert fand ich auch sein Interview im Jahr 2018 mit hiphop.de, zu finden bei YouTube, in dem er darüber sprach, dass die Generation seiner Oma – nach eigener Aussage – nichts von der Schoah mitbekommen hätte. Natürlich durfte auch der Holocaust-Vergleich in Hinblick auf die Situation in Gaza nicht fehlen.Ich könnte diesen Ausschnitt aus dem Interview ignorieren, wenn nicht darin die Schuldabwehr reproduziert worden wäre. Diese Haltung ist leider sehr anschlussfähig. Sie kann beispielweise anziehend auf junge Menschen wirken, die sich nicht ausreichend mit der deutschen Geschichte beschäftigt haben. In der Tat klingt es verlockend zu glauben, dass Menschen, die weitab vom Geschehen lebten, nichts oder wenig von der Schoah mitbekamen. Doch das ist aus meiner Sicht ein Irrtum, mehr noch eine Verdrehung der Fakten. Allein das KZ Buchenwald hatte 140 Außenlager und das KZ Mittelbau-Dora rund 40 davon, in einem Radius von etwa 30 bis 40 Kilometern. Sie lagen in unmittelbarer Nähe von kleinen Gemeinden, Dörfern und Kleinstädten.

Über das früh entstandene KZ Lichtburg in der Provinz von Sachsen-Anhalt hatte sich die einheimische Bevölkerung nachweislich gefreut. Denn in dieser strukturschwachen Region profitierten viele ländliche Betriebe und Einzelpersonen von der Ansiedlung der SS-Angehörigen. Auch wenn es erschreckend klingt: Die KZs trugen zur wirtschaftlichen Belebung der Region bei. Dementsprechend konnten die dort stattfindenden Verbrechen nicht vollkommen vor der deutschen Zivilbevölkerung verheimlicht werden. Die Nazis machten aus ihren Absichten kein Geheimnis und ließen an Ort und Stelle die zivile Bevölkerung an ihren verbrecherischen Plänen teilhaben. Das Narrativ von der völlig unwissenden Oma, wie von Kollegah verbreitet, ist also ahistorisch. Es handelt sich in Wahrheit um eine Täter-Opfer-Umkehr. Auch eine Reihe von Ehen zwischen SS-Angehörigen und Personen aus der Region weist darauf hin, dass es durchaus enge Verbindungen gab.

Keine Zukunft ohne die Vergangenheit

Wie kann es das heutige wiedervereinte Deutschland schaffen, sich der Erinnerung an die Schoah zu widmen, ohne dabei in reflexartige Abwehrmechanismen, Gleichgültigkeit oder Relativierungen bis hin zur Leugnung zu verfallen? Wie oft höre ich aktuell Menschen in der Öffentlichkeit sagen, dass die Geschichte sie nicht interessiert. Wozu sollen sie sich Gedanken über Dinge machen, die vergangen sind? Wozu soll Zeit dafür verschwendet werden, sich mit einem schwierigen Thema wie der Schoah auseinanderzusetzen? Ich antworte ihnen mit den Worten des Bundeskanzlers der Wiedervereinigung – Helmut Kohl: »Wer die Vergangenheit nicht kennt, kann die Gegenwart nicht verstehen und die Zukunft nicht gestalten.«

Deutschland, wie es heute ist, von der Ampelschaltung bis zum Föderalismus, lässt sich nicht verstehen, ohne einiges über die Geschichte dieses Landes zu wissen, insbesondere über die zwölf Jahre des Nationalsozialismus. Die Bundesrepublik Deutschland übernahm als Rechtsnachfolgerin des Dritten Reiches die Verantwortung für dessen Verbrechen. Der Umgang mit der NS-Vergangenheit in der ehemaligen DDR bleibt ein schwieriges Thema, was insbesondere dort vor Ort, in Ostdeutschland, deutlich wahrnehmbar ist. Die beiden deutschen Staaten und Gesellschaften verband der allgemeine gemeinschaftliche Wille, sich von Schuld und Verantwortung freizusprechen. Darin waren sich die Deutschen beider Republiken mehrheitlich einig, wie Edgar Wolfrum, seit 2003 Inhaber des Lehrstuhls für

Zeitgeschichte an der Universität Heidelberg und seit 2020 im Ruhestand, feststellte. Von der Schoah war bis zum Ende der 1950er-Jahre kaum die Rede, sowohl in der DDR als auch in der Bundesrepublik.

Der Gründungsmythos der DDR beruht laut SED-Propaganda darauf, dass Antifaschisten an der Seite der Sowjetunion Hitler-Deutschland besiegt und dann ein neues Deutschland geschaffen hätten. Der staatlich verschriebene Antifaschismus beschleunigte den gesellschaftlichen Prozess der Vergangenheitsbewältigung und konstruierte eine schuldfreie Gesellschaft. Alle Deutschen in der DDR wurden von der stalinistisch geprägten Partei in der öffentlichen Darstellung zu ehemaligen Widerstandskämpfern erklärt und dabei der kommunistische Widerstand hervorgehoben.

Wenn ich heute mit Ostdeutschen spreche und in den ostdeutschen Bundesländern unterwegs bin, habe ich häufig das Gefühl, dass die Sensibilisierung für die Erinnerung an den Faschismus, wie die Zeit des Nationalsozialismus dort überwiegend genannt wird, durchaus groß ist. Sicher trug das durch die Sowjetzeit und die DDR geprägte Geschichtsbewusstsein dazu bei, Mahn- und Gedenkorte sowie Gedenkstätten waren ein Teil davon. In der ehemaligen DDR bestand die Pflicht, an den Veranstaltungen bestimmter Gedenktage teilzunehmen. Wenn man den kommunistischen Charakter dieser Zeremonien und die Marginalisierung größerer Opfergruppen wie der jüdischen wegnimmt, lässt sich schon sagen, dass Erinnerungskultur zur ostdeutschen Identität dazugehört.

Es ist eine spannende Frage, ob sich einzelne Menschen mit historischen Erinnerungen ernsthaft identifizieren können. Ist dies eine Illusion, an die man glaubt, um Gemeinsamkeiten hervorzurufen, wie Assmann dies in seinen Theorien verteidigt? Kein Mensch kommt umhin, mit allen Widersprüchen und Sünden der Geschichte zu leben und diese schwere Bürde mitzutragen. Der Versuch, sich allein auf das Hier und Jetzt zu konzentrieren, abgekoppelt von der Vergangenheit, ist zum Scheitern verurteilt, denn die Geschichte lässt sich nicht einfach abschütteln. Viele mögen beim Lesen dieser Worte daran denken, dass jeder Tag neu gelebt werden sollte. Doch ich sage mit voller Überzeugung: Das ist nicht möglich. So schön eine Eiche auch heute ist, es gab jemanden, der sie pflanzte. So verhält es sich auch mit der Saat dieses einzigartigen Verbrechens, dessen Ausmaß, darin bin ich mir sicher, in Tausenden von Jahren die menschliche Zivilisation immer noch erschüttern wird.

Menschen ändern sich, Völker auch. Sie können ihren Wandel aber erst erfassen, wenn sie wissen, woher er kommt. Menschen, die jeden Tag beginnen, als gäbe es kein Gestern, verfügen nicht über die menschliche Fähigkeit der Reflexion. Opas Autounfall hat man zwar nicht selbst verursacht, aber man kann daraus für die eigene Gegenwart und vor allem seine Zukunft etwas lernen, um den zynischen Vergleich meines schwäbischen Gesprächspartners noch einmal aufzugreifen.

In der Tat scheint es so, als wäre über die Schoah bereits alles gesagt und doch eigentlich nichts. Je mehr ich über diese Katastrophe des jüdischen Volkes lese, rede oder nachdenke, desto weniger verstehe ich sie. Ich scheitere jedes Mal daran, sie auch nur im Ansatz begreifen zu wollen. Vermutlich gibt es an der Schoah nichts, was sich ernsthaft rationalisieren lässt. Jeder Mord – in dem Fall ein sechsmillionenfacher – ist ein unerhörtes Verbrechen und nicht nachzuvollziehen.

Bemerkenswert finde ich, wie Geschichte individuell erinnert oder interpretiert werden kann. Sie lässt sich instrumentalisieren, um bestimmte Personen von Verantwortung zu entlasten, als Fluchtort nutzen oder vielleicht auch als Quelle für Lehren betrachten. Auf jeden Fall ist deutsches Geschichtsbewusstsein selektiv. Und wenn es konkret wird, dann oft zu einem bestimmten Zweck. Laut einer repräsentativen Umfrage im Auftrag der Stiftung Erinnerung, Verantwortung, Zukunft (EVZ), durchgeführt von der Universität Bielefeld und veröffentlicht 2018, glaubt jeder fünfte Deutsche, dass seine Vorfahren in der Schoah potenziellen Opfern halfen, sie versteckten. Bei einer Bevölkerung von 60 Millionen Menschen hätte das auf 15 Millionen zugetroffen. In der Realität waren es vermutlich bis zu 10.000 Menschen, die Juden retteten. Selbst wenn die Dunkelziffer sehr hoch wäre und es sich um 100.000 handeln würde, entspräche dies 1,6 Prozent der damaligen Bevölkerung. Das ist ein sehr geringer, zu geringer Anteil. Wiederum glauben 54 Prozent, dass ihre Vorfahren unter den Opfern des Zweiten Weltkriegs waren, was ebenso die Realität der Jahre 1933 bis 1945 – diplomatisch formuliert – verzerrt. Es waren Hunderttausende aktiv und Millionen passiv an den Verbrechen des Nationalsozialismus beteiligt, ob als Schreibtischtäter, Zulieferer der SS, am Wachturm in den KZs oder beispielweise bei den Massenerschießungen der Einsatzgruppen in der Ukraine.

Gott in und nach Auschwitz

Die deutsche Auseinandersetzung mit der eigenen Geschichte ist eine Haltungsfrage und dient definitiv nicht der Entlastung. Dies bedeutet nicht, dass es keinen Platz für Versöhnung und Vergebung geben kann. Der Schoah-Überlebende und Schriftsteller Elie Wiesel spitzte die Frage nach der christlichen Verantwortung folgendermaßen zu: »Der nachdenkliche Christ weiß, dass in Auschwitz nicht das jüdische Volk, sondern das Christentum gestorben ist.« In seinem autobiografischen Buch »Die Nacht« (erschienen 2022) thematisiert Wiesel ein Thema, das auch in meiner Familiengeschichte große Bedeutung hatte. Es handelt sich um die schmerzliche Frage nach der Rolle von Gott in der Schoah.

Wiesel schildert folgende Szene: Drei KZ-Insassen, darunter ein Kind, sollten am Galgen vor dem Appellplatz aufgehängt werden, alle anderen Lagerinsassen mussten dabei zuschauen. Auf ein Zeichen des Lagerkommandanten wurden die Stühle, auf denen die Totgeweihten standen, umgestoßen. Die beiden Erwachsenen waren schnell tot. Aber am dritten Strick hing der zarte Körper des Jungen, der noch lebte. Länger als eine halbe Stunde kämpfte er vor den Augen der Häftlinge seinen Todeskampf. Daraufhin fragte eine Person unter denjenigen, die das monströse Schauspiel mit ansehen mussten, leise: »Wo ist G'tt?« Eli Wiesel, der ebenfalls dabei war, antwortete mit seiner inneren Stimme: »G'tt ist da. Er hängt am Galgen!«

Für viele Zeitzeugen, darunter mein Großvater, der Angst, Hunger, Folter und Leid miterlebt hatte, war eines klar: Gott ist gestorben. Andernfalls stünde die simple Frage im Raum, wie er all dies hatte zulassen können. Ich kann die Frage meines Opas, eines Schoah-Überlebenden, »Wo war Gott?« nicht beantworten. Mir steht es sicher nicht zu, ihm irgendwelche billigen oder pseudointellektuellen Erklärungen anzubieten. Wie fühlt und lebt ein Mensch wie er, der dieses Grauen erlebte? Diese existenzielle Frage beschäftigte nicht nur meinen verstorbenen Großvater und mich als Enkelkind von Schoah-Überlebenden, sondern auch den deutschstämmigen Papst Benedikt XVI. Bei seinem Besuch der KZ-Gedenkstätte Auschwitz-Birkenau fragte der Vertreter Christi auf Erden in seiner Ansprache (nachzulesen zum Beispiel auf der Homepage von »Die Tagespost. Stiftung für katholische Publizistik«): »Immer wieder ist da die Frage: Wo war Gott in jenen Tagen? Warum hat er geschwiegen?«

Eine Nation im Wandel?

Die Mitte der 2000er-Jahre war für Deutschland eine Zeit des Stolzes – nicht nur wegen des Papstes, sondern auch wegen der ersten weiblichen Kanzlerin und der Fußballweltmeisterschaft. Letztere bewegte Deutschland dazu, sein Verhältnis zum Nationalstolz und Patriotismus zu überdenken und als Ergebnis die deutsche Flagge sichtbar zu zeigen. Mit dem Motto »Die Welt zu Gast bei Freunden« sollte ein neues Deutschland gezeigt werden, das freundlich und aufgeschlossen seinen Nachbarn gegenüber ist und aus der Vergangenheit gelernt hat. Die Nationalfarben Schwarz, Rot und Gold sollten für Offenheit und Toleranz stehen, so propagierten es auf jeden Fall die Politik und der DFB. Party-Patriotismus war nun angesagt.

Für manch einen öffnete die Fußballweltmeisterschaft natürlich eine kleine Tür für ganz gefährliche Ideen, die mit dem positiven Charakter eines demokratischen Deutschlands nichts zu tun hatten. Der Rechtsruck in der deutschen Gesellschaft und der Aufstieg rechtspopulistischer Parteien lassen sich selbstverständlich nicht allein durch eine Fußballweltmeisterschaft erklären, da tiefere Ursachen dahinterliegen. Dennoch empfand ich sie als einen Katalysator dieser Entwicklung. Meine Position gegenüber jedem Nationalismus, vor allem dem euphorischen und billigen, wie er von rechtspopulistischen Bewegungen in Europa und sonst wo gelebt wird, wird durch die Worte des deutschen Philosophen Arthur Schopenhauer bestärkt: »Aber jeder erbärmliche Tropf, der nichts in der Welt hat, darauf er stolz sein könnte, ergreift das letzte Mittel, auf die Nation, der er gerade angehört, stolz zu sein.«

Das schwierige Verhältnis der Deutschen zu ihrer Nation lässt sich ausschließlich mit der Geschichte begründen. Mein ehemaliger

Geschichtslehrer in der Grundschule formulierte es prägend: »Wir haben in den zwölf Jahren Nazi-Diktatur so oft die Hymne gesungen und so oft die Flaggen aufgehängt, dass es für eine sehr lange Zeit reicht.«

Hoffnung auf Aussöhnung

Die Redewendung »Wo Licht ist, ist auch Schatten« beschreibt bestens die deutsche Geschichte. Das deutsche und das jüdische Volk sind durch das dunkelste Kapitel der europäischen Geschichte untrennbar miteinander verbunden. Die Schoah als eine Tragödie von beispiellosem Ausmaß hinterließ viele persönlichen Wunden, die selbst die Zeit nicht zu heilen vermag und deren Auswirkungen bis heute spürbar sind. Mord verjährt nicht. Doch es gibt einen zarten Hoffnungsschimmer, was Aussöhnung und Vergebung betrifft, ihn konnte ich ebenfalls wahrnehmen. Es gab in den letzten Jahrzehnten viele Menschen wie Willy Brandt, die um Vergebung baten und sich auf die Versöhnung mit dem jüdischen Volk fokussierten. Diejenigen, die sich darum bemühen, werden unermüdlich laut und sind oft nicht zu überhören. Und jedes Mal wieder geben ausgerechnet diese Stimmen der Vernunft eine Antwort, wenn Zweifel und Traurigkeit überwiegen.

Die Angehörigen meiner Generation, die viele Jahrzehnte nach den Opfern des Holocaust geboren wurden, können den Täterinnen und Tätern nicht vergeben. Jeder Überlebende der Schoah konnte darüber nur für sich selbst entscheiden. Ich spüre allerdings die Verantwortung, die angefangene Aussöhnung zu vollenden. Für viele Deutsche ist es ein Akt der Selbstreflexion, sich mit den Schrecken der eigenen Vergangenheit auseinanderzusetzen, sie anzuerkennen und zu verurteilen. Es braucht Mut, sich den dunklen Kapiteln der Geschichte zu stellen – besonders, wenn man die Verantwortung für die Verbrechen seiner Vorfahren annimmt. Doch Reue ist der erste und entscheidende Schritt hin zu einer wirklichen Aussöhnung.

Das jüdische Volk, das tiefe Narben trägt, die über Generationen hinweg vererbt wurden, entschied sich weiterzuleben und nach vorne zu schauen. In seiner Zukunft hatten auch die beiden deutschen Staaten einen festen Platz. Der innigste Wunsch vieler Überlebender der Schoah bestand darin, von ihren traumatischen Erfahrungen zu erzählen, Aufklärung zu betreiben und den zukünftigen Generationen zu vermitteln, wohin Menschenhass führen kann. Auch das war ein erster und wichtiger Meilenstein auf dem langen Weg der Aussöhnung. Für die meisten Schoah-Überlebenden bedeutet Aussöhnung nicht Vergebung, sondern vor allem die Anerkennung ihres Leidens und ihrer Trauer. Viele schworen sich noch in den KZs, der Welt darüber zu berichten, sollten sie selbst das Lager lebendig verlassen. Es gleicht für mich einem Wunder, wie diese Menschen es schafften, den Schmerz und die Wut in Einklang mit dem Streben nach Frieden und Versöhnung zu bringen. Sie taten dies für die Zukunft und sahen dies als ihre Mission an. Für viele war das der einzige Grund für ihre Existenz. Sie hatten lebenslang Schuldgefühle, weil sie überlebt hatten. So beging zum Beispiel der polnische Schriftsteller Tadeusz Borowski, dessen Erzählungen aus Auschwitz zu den bedeutendsten Werken der Holocaust-Literatur gehören, nur wenige Jahre nach seiner Befreiung Suizid. Er konnte nach seiner Zeit im Lager nicht mehr leben.

Auch wenn einige Narben vermutlich nie ganz verheilen werden, hoffe ich wirklich, dass sie zumindest nicht mehr wehtun. Ob diese Aussöhnung und das Bewusstsein, was damit verbunden ist, die folgenden Generationen noch bewegen wird, bleibt fraglich. Jüngere

Menschen blicken möglicherweise aus einer anderen Perspektive auf die Ereignisse und ihre Bedeutung als die älteren, die eigene Erinnerungen an diese Zeit oder durch Erzählungen eine Vorstellung vom Erlebten haben. Diejenigen, die im 21. Jahrhundert geboren wurden, verlieren hingegen den unmittelbaren Bezug zu den Ereignissen von damals. Darin kann auch eine Chance liegen, sich viel intensiver mit der Geschichte auseinanderzusetzen, um eben keine relativierenden Erzählungen im Stil Kollegahs zu reproduzieren.

Vor einigen Jahren begleitete ich eine Gruppe deutscher Schülerinnen und Schüler nach Israel, um das bereits erwähnte Songwriting-Camp mit israelischen und arabischen Kindern und Jugendlichen durchzuführen. Es ging dabei um Verständigung, Austausch und vielleicht sogar Freundschaften über die Unterschiede hinweg. Neben den musikalischen und touristischen Aspekten der Reise hatte ich natürlich einen Bildungsauftrag zu erfüllen, daher besuchte ich mit den deutschen Teilnehmenden im Alter von zwölf bis 15 Jahren die israelische Holocaust-Gedenkstätte Yad Vashem in Jerusalem. Hier setzten sie sich zum ersten Mal mit der Schoah auseinander. Im Unterricht und von ihren Eltern und Großeltern hatten sie etwas darüber gehört, doch sich über mehrere Stunden in Yad Vashem damit auseinanderzusetzen, das war eine große Herausforderung – und die Gelegenheit, sich mit der Geschichte des eigenen Landes intensiver zu befassen.

Ich werde die Worte einer jungen deutschen Teilnehmerin, die in den 2000er-Jahren, also über 60 Jahre nach dem Ende des Zweiten Weltkriegs geboren wurde und zur dritten Generation zählt, die sie nach dem Besuch der Gedenkstätte äußerte, nicht vergessen. Sie sagte eindringlich, ruhig und nachdenklich: »Herr Groys, wie konnten wir Deutsche euch Juden das bloß antun?« Es war bemerkenswert, wie dieses Mädchen sich mit den damaligen Deutschen identifizierte und die Verantwortung und Scham als Teil ihrer selbst anerkennen konnte. Das sprach angesichts des jungen Alters von Größe und Reflexionsfähigkeit. Diese Eigenschaften vermisse ich bei so manchen Menschen, die es wirklich nötig hätten, Lehren aus der Geschichte zu ziehen. Wer die zwölf Jahre Hitler-Diktatur als »Vogelschiss der Geschichte« bezeichnet, wie es der AfD-Politiker Alexander Gauland 2018 auf dem Bundeskongress der radikalen AfD-Nachwuchsorganisation Junge Alternative tat, hat meiner Meinung nach seinen moralischen Kompass verloren und relativiert das Menschheitsverbrechen der Schoah.

Die Frage des Mädchens in Yad Vashem zum Beispiel und so viele andere positive Erfahrungen geben mir Hoffnung, dass die zukünftigen Generationen von Deutschen, ein großer Teil davon mit Migrationshintergrund, Lehren aus der Vergangenheit ziehen. Dafür muss aber die Geschichte erzählt werden, wie sie war – und zwar ohne zu relativieren, zu verharmlosen oder die Schoah in eine Reihe mit vielen anderen Gewaltverbrechen zu stellen. Dies hilft weder der Erinnerung an andere Genozide noch der Aufarbeitung dieser dunklen Zeit.

Generationenübergreifende Traumata

Für die moderne Psychologie ist klar, dass Kriegsgewalt generationenübergreifende Folgen für Überlebende und ihre Nachfahren sowie die gesamte Gesellschaft hat. Laut Studien werden schwere Traumata sogar epigenetisch vererbt. Traumatische Erlebnisse haben also weitreichende Auswirkungen und die Schoah ist hier keine Ausnahme. Bei vielen Deutschen lösten die Geschehnisse im Zweiten Weltkrieg auch Schuld und Scham aus. Der Sozialpsychologe Sebastian Winter beschreibt die Folgen in einem Interview mit »Zeit Online« von 2018 so: »Auschwitz sprengt jede deutsche Identität.« Wenn ein Deutscher sich der Geschichte seiner Familie und seines Landes wirklich stellt, kann diese Erfahrung schier erdrückend und wirklich schwierig zu verarbeiten sein. In deutschen Familien, vor allem solchen, in denen Großeltern und Verwandte während des Zweiten Weltkriegs zu den Opfern zählten, können transgenerationale Traumata ebenso auftreten. Sie teilen das Leidensschicksal ihrer Vorfahren – wie ich das meiner jüdischen Großeltern.

Wenn man über das Thema Traumata offen und ehrlich sprechen will, darf man zum Beispiel nicht vergessen, dass bei Überlebenden der Schoah die absolut traumatischen Ereignisse und Gefühle aus längst vergangenen Tagen reaktiviert werden können. Das kann durch spezifische Trigger wie bestimmte Geräusche, Orte oder Gerüche ausgelöst werden, die die Erinnerungen an die Schrecken der Vergangenheit zurückbringen. Darüber hinaus können globale Ereignisse, zum Beispiel das Massaker der Hamas am 7. Oktober 2023, Retraumatisierungen bei Überlebenden hervorrufen. Bei ihnen verstärkt sich dann möglicherweise das Gefühl, dass sich Geschichte wiederholen kann.

Ich habe in den Gesprächen mit Überlebenden der Schoah vor allem an ihrem Umgang mit Essen, besonders mit Brot, gemerkt, dass sie Hunger und Elend aus den Lagern, Ghettos und Orten der Vernichtung bis heute in sich tragen. Unabhängig von ihrem sozialen Status und der gewonnenen Sicherheit legen sehr viele dieser Menschen großen Wert darauf, behutsam mit Lebensmitteln umzugehen. Oftmals fand ich bei meinen Großeltern, beide Schoah-Überlebende, versteckte Brotreserven, weil sie es nicht mit ihrem Gewissen vereinbaren konnten, Reste wegzuwerfen. Als ich sie darauf ansprach, merkte ich, wie sehr ihre leidvollen Erfahrungen sie geprägt hatten.

Auch die zweite und dritte Generation nach den Schoah-Überlebenden können von Retraumatisierung betroffen sein. In solchen Fällen erleben sie die traumatischen Erfahrungen ihrer Eltern oder Großeltern durch Geschichten, Erinnerungen oder das Erbe aus unverarbeitetem Schmerz und Leid mit. Ein jüdischer Freund erzählte mir, dass es für ihn vollkommen normal gewesen sei, seine Eltern weinen und in der Nacht schreiend aufwachen zu sehen. Der Publizist Michel Friedman, dessen Eltern auf der Liste von Oscar Schindler gestanden und somit überlebt hatten, schilderte diese andauernden Gespräche während seiner Kindheit und wie sie ihn prägten. Er sei auf einem Friedhof aufgewachsen, so beschrieb er es wie zuvor bei anderer Gelegenheit auch in seinem Gastbeitrag für die »Süddeutsche Zeitung« im Januar 2025.

Man muss nicht alles gut finden, was in den letzten Jahrzehnten in Deutschland hinsichtlich der Aufarbeitung des Nationalsozialismus geschehen ist. Für mein Empfinden hätte es an der einen oder anderen Stelle noch mehr und deutlicher betont werden müssen, welche Verantwortung sich für jeden Einzelnen aus der Schoah ergibt. Dennoch kann keiner leugnen, dass es sehr viele Bemühungen von sehr vielen aufrichtigen Menschen in Gesellschaft und Politik gegeben hat, um die Erinnerung wachzuhalten. Über sehr viele Jahrzehnte gehört das Gedenken nun zum Grundkonsens dieses Landes. Dafür gibt es mindestens sechs Millionen Gründe.

7.

»Von Schewtschenko, Tschernobyl und Klitschko« – Wer schaut wann wie auf die Ukraine und Osteuropa?

Ich habe in diesen vielen Jahren in Deutschland eine besonders enge Beziehung zu Michail Gorbatschow entwickelt, den letzten Präsidenten der UdSSR. Das liegt nicht daran, dass ich große Zuneigung zu dem demokratischen Kommunisten hege, der ein auffälliges Feuermal auf dem Kopf hatte. Vielmehr gilt das Gegenteil: Der Generalsekretär der Kommunistischen Partei der Sowjetunion (KPdSU) beging eine Reihe massiver politischer Fehler zum Ende der Sowjetära. Seine Rolle bei der Befriedung der ethnischen Spannungen im Kaukasus, seine misslungene Reformpolitik der Glasnost und die ineffiziente Wirtschaftspolitik wurden im gesamten postsowjetischen Raum negativ bewertet. Meine Mutter sagt auch heute noch – vor allem, wenn sie sich über mich ärgert –, dass ich genauso unverständlich rede wie einst Gorbatschow. Dafür hat sie eine merkwürdige, aber humoristische Erklärung. Als sie mit mir schwanger war, soll sie zu viele seiner Reden gehört haben, sodass sich die Sache mit der unverständlichen Sprache bei mir schon als Embryo in ihrem Bauch abspeicherte. Es ist biologisch sicher keine haltbare Theorie, aber auf metaphysischer Ebene wird es vielleicht seine Richtigkeit haben.

Außer der scheinbaren Ähnlichkeit bezüglich der oft schwer verständlichen politischen Rhetorik teile ich zwei weitere Gemeinsamkeiten mit ihm: Erstens hatten wir beide wegen unserer Glatze den gleichen Friseur und zweitens trugen wir einen gemeinsamen Vornamen, was mir bei so vielen Situationen in Deutschland das Leben erleichterte. Jeder in Deutschland kennt nämlich den Friedensnobelpreisträger, der hierzulande als Volksheld gilt, der maßgeblich zur Wiedervereinigung der beiden deutschen Staaten beitrug. Die Deutschen nennen ihn liebevoll »Gorbi«. Sein Vorname Michail ist ebenso gut bekannt. In der deutschen Aussprache klingt er, als würde er sich aus den Silben »Mi« und »Heil« zusammensetzen. Das scheint wohl fürs deutsche Ohr Russisch zu klingen. Eine der deutschen Eigenarten, die ich bemerkt habe, besteht darin, Akzente und die Aussprache von Namen aus anderen Sprachen nachzuahmen – allerdings oft in einer Art, die mehr nach Imitation als nach Respekt klingt. Jedenfalls wird Michail auf Russisch anders ausgesprochen. Eigentlich steckt hinter dem exotisch klingenden »Michail« der gut bekannte Name Michael, der aus dem Hebräischen kommt. Im Übrigen hat mir so auch Michael Schumacher mit seinem Vornamen oft geholfen, wenn ich mich am Telefon oder im Gespräch vorstellte.

Der ukrainische Staat hatte mich bei meiner Ausreise nach Deutschland 1998 in »Mykhaylo« umbenannt, das machte es nicht leichter. Dieser im Deutschen seltsam klingende Name stand auch in allen meinen Zeugnissen, im Ausweis sowie auf jeder Rechnung. Der Nachname Groys allerdings, der im Jiddischen »Groß« heißt, weckte vor allem Assoziationen, die mit der griechischen Mythologie und dem beliebten Gericht Gyros zu tun hatten. Ich kann mich erinnern, wie oft ich in Zahnarztpraxen und auf Bürgerämtern Mykonos genannt wurde. Mein deutscher Nachbar war jedenfalls sehr enttäuscht, als ich ihm gestand, dass ich mit Griechenland sehr wenig zu tun hätte und aus der Ukraine käme. Höchstens, wenn ich einen Ouzo trinke, werde ich zum Griechen. Ich sagte also immer, dass Mykhaylo die ukrainische Variante von Michael sei und ich also eigentlich wie Gorbi mit Vornamen hieß. Das erweckte stets Heiterkeit und Empathie. Was mir auffiel, war der Umstand, dass ich in Deutschland äußerst selten Fragen über mein Herkunftsland Ukraine gestellt bekam.

Im Jahr 2018 kam unter dem Hashtag #MeTwo eine spannende Debatte darüber auf, ob man überhaupt nach der Herkunft einer Person fragen dürfe. Dabei standen sich zwei Lager gegenüber: diejenigen, die die Frage als rassistisch empfanden, und diejenigen, die sagten, dass sie lediglich gesundes Interesse am anderen Menschen ausdrücke. Ich befinde mich bei dieser Debatte am liebsten in der Mitte. Die Bedeutung der Frage »Wo kommst du eigentlich her?« hängt immer auch von der Intention des Gegenübers ab. Sie kann in der Tat pures Interesse am Herkunftsland und dessen Kultur vermitteln. Leider steckte in vielen Fällen gewöhnlicher Rassismus dahinter. In Bezug auf die Ukraine ist die Rede vom antislawischen Rassismus, einer spezifischen Unterkategorie.

Der antislawische Rassismus ist kein Phänomen, das in Deutschland erst seit der großen Flüchtlingswelle nach dem Überfall Russlands auf die Ukraine im Jahr 2022 in Erscheinung trat. Definitiv ist er ein deutlich älteres Problem. Alles weiter östlich der Flüsse Oder und Neiße wird bis heute oft als rückständig dargestellt oder so gesehen, wie Larry Wolff, Osteuropa-Experte an der Harvard University, in seinem Buch »Inventing Eastern Europe« (erschienen 1998) treffend beschrieb: »Europe but not Europe.« Die gemeinsame europäische Kultur Deutschlands und seiner östlichen Nachbarn und die extremen historischen Verflechtungen mit Osteuropa werden entweder geleugnet oder als unbedeutend beschrieben.

In den politischen Diskussionen über Polen und in der heimischen Öffentlichkeit wird deutlich, dass der deutsche Kolonialismus in Osteuropa bis heute nachwirkt. Zeichen dafür sind sowohl abwertende Äußerungen als auch die weit verbreiteten »Polenwitze«, beispielsweise im Zusammenhang mit Fußball-Länderspielen. Die tiefe Verankerung solcher Stereotypen verdeutlicht, welch nachhaltigen Einfluss der deutsche Expansionspolitik in Osteuropa hinterließ. Besonders bezeichnend für rassistische Tendenzen ist die gebräuchliche deutsche Redewendung: »Also wenn das wirklich passiert, dann ist Polen offen!«

Der deutsche Vernichtungskrieg im Osten und der »Generalplan Ost« des NS-Regimes dürfen ebenfalls nicht unerwähnt bleiben, wenn wir über den heutigen antislawischen Rassismus reden. Sie stellten den negativen Höhepunkt solcher rassistischen Hierarchisierungen und Expansionsprojekte Lebensraum im Osten dar und wurden nach wie vor nicht ausreichend aufgearbeitet. Schließlich leben wir auch über 80 Jahre nach dem Zweiten Weltkrieg im Schatten dieses historischen Ereignisses. Uns ist das Ausmaß der Tragödie im Alltagsleben nicht unmittelbar ersichtlich. Die Art und Weise, wie wir grundsätzlich auf dem europäischen Kontinent zusammenleben, ist eine direkte Folge dieses Weltkriegs, der zu etwa 70 bis 85 Millionen Todesopfern führte. Niemand kann dem langen Schatten des 20. Jahrhunderts entfliehen.

Auch vermeintlich privilegierte Migrantengruppen wie Spätaussiedler und jüdische Zugewanderte, zu denen ich mich zähle, hatten mit antislawischem Rassismus in Deutschland zu kämpfen. Vor allem in der Schulzeit ist er mir oft begegnet. Es begann mit Kritik an meinem Klamottenstil und endete mit Witzen über meinen russischen Akzent. Auch 25 Jahre später spreche ich wohl das eine oder andere Wort nicht ganz »deutsch« aus, was einen Taxifahrer dazu brachte, mich zu fragen, ob ich aus Schwaben käme. Ich antwortete amüsiert, dass ich aus der Ukraine stamme, die 2.000 Kilometer östlich von Stuttgart liegt.

Trotz dieses Umgangs mit osteuropäischen Menschen hierzulande fielen mir im Zusammenhang mit der Ukraine relativ selten spezifische Beleidigungen oder Bemerkungen auf. Bis zu den Ereignissen auf dem Maidan 2014 stand die deutsche Bevölkerung nach meinem Empfinden dem Land am Fluss Dnjepr mehrheitlich relativ gleichgültig gegenüber. Der Hauptgrund dafür war wohl, dass die Ukraine von der Mehrheit der Deutschen einfach kaum wahrgenommen wurde, höchstens als eine Art Mini-Russland.

Die wilden 1990er

Die 1990er-Jahre waren eine wilde Zeit in der Welt. Alles schien möglich zu sein. Die Menschen in Deutschland und der Ukraine verband damals, dass sie ihre Freiheit und Unabhängigkeit erlangten. Dies hatte aber einen enormen Preis. Ostdeutschland musste strukturell gefördert werden, um wirtschaftlich an das westdeutsche Niveau heranzukommen. Die Ukraine wiederum kämpfte gegen Oligarchie, Korruption und eine unkontrollierte Privatisierungswelle. Beides war mit großen Anstrengungen und vielen Rückschlägen verbunden.

Die Entwicklungen in der Ukraine wurden erst im politischen Bonn und später in Berlin aufmerksam verfolgt. Die dramatischen Zustände in den 1990er-Jahren waren am besten vor der deutschen Botschaft in Kyjiw sichtbar. Am Ende dieses Jahrzehnts war sie einer der begehrtesten Orte des Landes, denn sehr viele Menschen waren an Anträgen für die Ausreise nach Deutschland interessiert. Die Bearbeitung vor Ort sollte darum auf Anweisung des Auswärtigen Amts unbürokratischer verlaufen. Das nutzten kriminelle Netzwerke, sogenannte Warteschlangen-Mafias, um zu ihrem Vorteil einzugreifen und

Geld dafür zu kassieren, jemanden schneller zu schleusen. Später sollte es dazu einen Untersuchungsausschuss im Bundestag geben.

Auch meine Eltern und Großeltern nahmen ihre Einreiseerlaubnis nach Deutschland in der Deutschen Botschaft in Kyjiw entgegen. Nach der Antragsstellung hatten sie vier lange Jahre auf diesen Augenblick gewartet. Nun standen sie in diesen endlos langen Warteschlangen vor der Botschaft. Das Abholen der Dokumente war ein durchaus riskantes und gefährliches Unterfangen, da man Opfer von Betrug oder sogar Raub werden konnte, während man auf Einlass in die Botschaft wartete. Ich kann mich noch genau erinnern, mit wie viel Spannung meine Eltern in die ukrainische Hauptstadt fuhren, um dort diese wichtigen Erledigungen für die Ausreise nach Deutschland zu tätigen. Als kleines Kind verstand ich natürlich Worte wie Mafia, Visa und Geldwäsche nicht, aber beunruhigend wirkten diese Kyjiw-Fahrten auch in meiner kindlichen Wahrnehmung.

Immerhin hatten wir von der deutschen Seite in der Botschaft nichts zu befürchten, da wir als Ureinwohner legal in die alte Heimat, das historische Aschkenas, zurückkehrten. Die damalige Bundesregierung unter Helmut Kohl verfolgte mit der Einwanderung von Juden nach Deutschland zwei Ziele: Erstens sollten die Menschen vor einem wachsenden Antisemitismus in der Gemeinschaft Unabhängiger Staaten (GUS) geschützt werden, er wurde damals als Fluchtursache anerkannt. Zweitens ging es darum, die kleinen Gemeinden in Deutschland zu stärken. Die ursprüngliche Zahl von 500.000 Juden in Deutschland wie vor der Schoah wurde dadurch allerdings nicht erreicht.

Es war sehr interessant, 30 Jahre später aus der Retrospektive zu betrachten, welches einseitige Ukrainebild sich damals in Deutschland verfestigte. Die deutschen Medien, vor allem die hiesige Boulevardpresse, spielten eine entscheidende Rolle bei der Schaffung einer bestimmten Vorstellung von der Ukraine in den Köpfen der Deutschen. Schließlich gab es keine sozialen Medien und weniger Nachrichtenalternativen als heute. Die »Tagesschau« um 20:00 Uhr und die regulären Tageszeitungen waren die bedeutenden Informationsquellen.

In der Berichterstattung der 1990er-Jahre nahm zum Beispiel die Katastrophe von Tschernobyl einen sehr prominenten Platz ein. Auch wenn sie sich 1986 ereignet hatte, beschäftigten sich viele Artikel auch einige Jahre später damit. Es ging dabei vor allem um Studien und Untersuchungen zu Krebsraten, Mutationen und anderen Gesundheitsproblemen in den betroffenen Gebieten. Die Berichte über die Auswirkungen dieses Reaktorunglücks schienen wohl auch meinem Kieferchirurgen nicht entgangen zu sein. Er deutete die außergewöhnliche Anzahl meiner Weisheitszähne, es waren sechs, möglicherweise als eine Folge der Katastrophe. Statistisch gesehen hatte nur einer von 100.000 Menschen in Deutschland sechs Weisheitszähne. Ich war davon betroffen, laut dem Professor sollte es sich um eine Mutation handeln. Als Jude in Deutschland wurde ich öfters als Geschenk bezeichnet, aber Mutant genannt zu werden, war etwas Neues.

Tatsächlich ist meine vermeintliche Mutation nicht mit der Realität vereinbar. Ich wurde zum einen fünf Jahre nach der Reaktorkatastrophe geboren. Zum anderen wehte der radioaktiv belastete Wind nicht in Richtung Ostukraine. Meine Eltern hatten außerdem nichts mit Tschernobyl zu tun. Meine ostdeutschen Freunde und Freundinnen fragten mich, ob ich denn Pilze essen würde. In Thüringen vermied man es zum Beispiel noch viele Jahre später, dies zu tun, weil man annahm, dass die betreffenden Gebiete verstrahlt sein könnten.

Ich muss zugeben, dass ich all die deutschen Dokumentationen über Tschernobyl genauso ansah wie die über Hitlers Hunde, Liebhaberinnen und Essensvorlieben. Es überrascht kaum, dass die gesamte Atompolitik der 1990er- und 2000er-Jahre sowie der Aufstieg der Grünen als politische Kraft unmittelbar mit dieser Katastrophe in Verbindung standen. Die Partei hatte es Tschernobyl maßgeblich »zu verdanken«, dass der breiten Öffentlichkeit die Gefahren der Kernenergie bewusst wurden.

Ich kann mich auch gut daran erinnern, wie Kinder aus Tschernobyl nach Deutschland zur Kur gebracht wurden, damit sie sich hier erholen. Die Hilfe für krebskranke Kinder aus der Ukraine war Ende der 1990er- und Anfang der 2000er-Jahre durchaus ein breites Thema in der deutschen Gesellschaft. Während ihres Aufenthalts in Deutschland wurden die Kinder medizinisch untersucht, um mögliche Strahlenbelastungen zu identifizieren, es folgten die entsprechenden Maßnahmen und Behandlungen. Die Kinder erhielten auch gesundes Essen und konnten an Aktivitäten im Freien teilnehmen, um ihr Immunsystem zu stärken und ihre allgemeine Lebensqualität zu verbessern. Viele dieser Kinder waren nach der Reaktorkatastrophe auf die Welt gekommen, sie litten unter deren Auswirkungen. Ich war zu jener Zeit Schüler einer deutsch-russischen Theaterschule und wir spielten für diese zumeist gleichaltrigen krebskranken Kinder, um ihnen ein Lächeln ins Gesicht zu zaubern. Ihre blassen Gesichter und traurigen Augen bleiben mir bis heute unvergessen.

Ein Vortrag über das Reaktorunglück brachte mir meine einzige sehr gute Note im Physikunterricht ein. Ich sprach ausführlich darüber, dass einige radioaktive Elemente eine Halbwertszeit von 30.000 Jahren haben und somit das betroffene Gebiet auf sehr lange Zeit verseucht bleibt. Natürlich durfte der Hinweis auf meine sechs Weisheitszähne nicht fehlen. Ich ließ sie vor wenigen Jahren entfernen und setzte meiner Mutation damit ein Ende.

Die Karriere der beiden Spitzensportler Wladimir und Vitali Klitschko begann 1996 im Universum Boxstall in Hamburg. Sie trugen mit ihren Erfolgen und ihrer Präsenz ebenfalls zur Wahrnehmung der Ukraine in Deutschland bei. Denn wegen ihnen erschien die ukrainische Flagge immer wieder im deutschen Fernsehen. Für einige Deutsche war es sicherlich das erste Mal überhaupt, dass sie sie sahen.

Die beiden ehemaligen Sportler in Militäruniform, Vitali sogar als Bürgermeister der ukrainischen Hauptstadt, im Februar 2022 zu sehen, war für viele Menschen in Deutschland schockierend und erhöhte die Solidarität mit dem überfallenen Land. Der Kyjiwer Bürgermeister war uns von den vielen Fernsehauftritten und Kämpfen so gut bekannt und man musste nun um sein Leben bangen.

Die dynamischen 2000er-Jahre

Die Ukraine wurde zu Beginn der 2000er-Jahre von Präsident Leonid Kutschma regiert, dem vorgeworfen wurde, am politischen Mord an dem georgischen Journalisten Georgij Gongadse beteiligt gewesen zu sein. Das Land war bis auf wenige Ausnahmen prorussisch eingestellt, was sich auch im Bereich Gesellschaft und Kultur bemerkbar machte. Die russische Sprache war allgegenwärtig. Damals war es nicht außergewöhnlich, dass ukrainische Sänger, Schauspielerinnen und Entertainer in Russland arbeiteten. Es herrschte ein reger kultureller und zivilgesellschaftlicher Austausch. Auch der spätere Präsident Wolodymyr Selenskyj war keine Ausnahme: Der erfolgreiche Comedian und Showmaster war noch wenige Monate vor dem Euromaidan 2014 im russischen Staatsfernsehen zu sehen. Er war in Russland außerordentlich bekannt und beliebt.

Zwar trauert heute selbst in der überfallenen Ukraine manch einer dieser Zeit hinterher, als ein vermeintlicher Interessensausgleich zwischen der Europäischen Union (EU) und Russland herrschte und die Ukraine als ein neutraler Staat galt. Doch in Wahrheit waren die Kutschma-Jahre wirtschaftlich, politisch und kulturell verlorene Jahre für die Ukraine auf dem Weg nach Europa, denn das Land war in einer Teilsouveränität gefangen. Dieser Zustand konnte nicht ewig anhalten; die Regierung war zum Scheitern verurteilt, was aber in Deutschland kaum jemand wahrnahm.

Das prägendste Ereignis für die Ukraine nach der Unabhängigkeit fand im Jahr 2004 statt. Die Ukraine kletterte auf das musikalische Podest Europas, als die Sängerin Ruslana beim Eurovision Song Contest siegte. Im selben Jahr wurde Kyjiw zum Mittelpunkt der sogenannten Orangenen Revolution. Dieser Protest beschäftigte die deutsche Presse, sie berichtete sehr ausführlich und genau über die Lage vor Ort. Endlich mal etwas anderes als die üblichen klischeehaften Dokumentationen über endlose Zugfahrten in Osteuropa und Bären in schneeweißer Landschaft. Worum ging es eigentlich bei dieser ersten Revolution in der neueren Geschichte der Ukraine? Die Menschen protestierten friedlich gegen Wahlfälschungen. Dies führte dazu, dass die umstrittene Präsidentschaftswahl annulliert wurde. Der Vorgang legte den Grundstein für eine prowestliche Ausrichtung in der ukrainischen Politik.

In Deutschland wurde die Orangene Revolution als Symbol für den demokratischen Wandel in der Ukraine betrachtet, was zu einer positiveren Sicht auf das Land beitrug. Wladimir Putin gefiel dieser selbstbewusste Akt nicht, aber offenbar hatte er zu der Zeit keine Ressourcen, um sich im großen Stil einzumischen. Das holte er im Jahr 2014 nach.

Die Ukraine stand 2004 nicht mehr als ein Niemandsland im Osten da, sondern zum ersten Mal als eigenständiger Akteur mit europäischen Ambitionen. Der neue Präsident Viktor Juschtschenko, der während des Wahlkampfs beinahe an einer Dioxinvergiftung gestorben wäre, förderte den Annäherungsprozess sehr. Leider erfüllte er viele Erwartungen im Hinblick auf politische und wirtschaftliche Entwicklungen der Ukraine nicht. Die Entschlossenheit des osteuropäischen Landes, näher an die EU heranzurücken, wurde in Deutschland positiv bewertet. Doch Korruption und Misswirtschaft verlangsamten den Prozess extrem, die öffentliche Meinung in Deutschland über die Ukraine nach der Orangenen Revolution war dementsprechend distanziert. Das Land verschwand wieder ins Nirwana.

Proteste für die Freiheit 2014 und ihre Folgen

Zehn Jahre nach der Orangenen Revolution wurde es wieder laut um die Ukraine. Den Höhepunkt bildete damals der Euromaidan im Winter 2013/2014, der durch die Weigerung des damaligen russlandfreundlichen Präsidenten Wiktor Janukowytsch, das Assoziierungsabkommen mit der EU zu unterzeichnen, ausgelöst wurde. Am Rande bemerkt: Er kam ebenso wie ich aus dem Donbass und galt als Vertreter der Interessen dieser industriell geprägten Region. Sie war und ist der Standort der Stahlindustrie und des Kohleabbaus und deshalb von zentraler Bedeutung für die Wirtschaft des gesamten Landes. Janukowytsch verhalf dies dazu, dass er Präsident wurde.

Ich kann mich noch sehr gut an die ersten Bilder von friedlichen Demonstranten erinnern, die auf dem Maidan-Platz in Kyjiw für europäische Werte und demokratische Prinzipien einstanden. Jedoch war dieser Frieden nicht von Dauer, denn schon wenige Tage später brach eine Welle der Gewalt aus. Janukowytsch wollte die Proteste unterdrücken und ließ Dutzende Demonstrierende niederknüppeln. Als Reaktion darauf versammelten sich auf dem Maidan in Kyjiw und in anderen ukrainischen Städten Millionen von Menschen. Was damals passierte, war für mich schrecklich und bemerkenswert zugleich. Den Freiheitskampf für europäische Werte in dem Land zu sehen, in dem ich geboren worden war, erfüllte mich mit Stolz. Traurig war allerdings der hohe Preis: die Menschenleben. Auch ich hatte, anders als 2004, als ich noch ein Kind war, eine bewusste Haltung zu den politischen Geschehnissen entwickelt und mir eine eigene Meinung gebildet. Sie war davon geprägt, die ukrainische Bevölkerung darin zu unterstützen, sich an die EU anzunähern.

In Deutschland wandelte sich das vorherrschende Bild der Ukraine angesichts der demokratischen Protestbewegung. Sie wurde als Ausdruck der Westbindung des Landes und damit positiv wahrgenommen. Unvergessen der Besuch des damaligen deutschen Außenministers Guido Westerwelle auf dem Maidan 2013. Für mich gehört dieser Moment zu den Sternstunden des deutschen Liberalismus in der Außenpolitik. Nirgends in Europa hörte man das Wort Freiheit lauter als in der Ukraine.

Im Ergebnis bewegte das Assoziierungsabkommen Russland dazu, lang vorbereitete Pläne zur Destabilisierung und letztendlich Vereinnahmung der Ukraine in die Tat umzusetzen. Für Putin ist eine eigenständige Ukraine auf den Weg nach Europa unvereinbar mit seinen Interessen. Er verhält sich wie ein eifersüchtiger Mann gegenüber seiner Ex-Frau, der die Scheidungspapiere nicht unterschreiben will, sie nicht loslässt und sogar bedroht. In modernem Deutsch kann man das auch als toxische Beziehung bezeichnen. Im rechtlichen und politischen Sinn handelt es sich nüchtern um Völkerrechtsbruch.

Der Maidan war eine menschliche Tragödie, die sich vor allem qualitativ von den Protesten 2004 unterschied. Denn im Februar 2014 wurden in nur wenigen Stunden über 100 Menschen getötet, die in die Geschichte der Ukraine als »Himmlische Hundertschaft« eingingen. Es hat mich tief erschüttert, im Fernsehen mit anzusehen, wie Menschen in Echtzeit umgebracht werden, während sie für ihre Freiheit kämpfen. Diese Bilder brachten mir die Erkenntnis, wie wichtig ihr persönlicher Widerstand gegen die russische Vereinnahmung für unsere gemeinsame europäische Freiheit war. Einen derartigen Freiheitskampf im 21. Jahrhundert in Europa zu erleben, erschien mir surreal. Zum ersten Mal seit 16 Jahren fühlte ich mich stark zu meinem Geburtsland Ukraine hingezogen und ich konnte und wollte nicht untätig das Schicksal dieses mir doch fremd gewordenen Landes verfolgen. Ich setzte mich von da an in der Presse, den sozialen Medien und vor allem bei meiner politischen Arbeit für den Weg der Ukraine in die EU ein.

Als deutsch-jüdischer Ureinwohner, der sich stark in die deutsche Gesellschaft integriert und von Kindheit an hier gelebt hatte, empfand ich sehr viel mehr Mitgefühl für die leidende Ukraine und die Maidan-Bewegung, als ich selbst gedacht hätte. Mein Engagement führte zu erheblicher Kritik in meiner Partei und meinem jüdischen Freundeskreis. Die gesamte Maidan-Bewegung wurde als eine Gruppierung von Nazis und Anhängern von Stepan Bandera, einem ukrainischen Ultranationalisten und NS-Kollaborateur, diffamiert. Trotz dieser Vorurteile weigerte ich mich, Hunderttausende, ja Millionen Menschen pauschal als Nazis abzustempeln. Menschen in Deutschland, die gestern noch nicht Minsk, Kyjiw und Moskau voneinander unterscheiden konnten, entwickelten sich zu Ukraine-Experten mit dem Forschungsschwerpunkt Rechtsextremismus. Ich wurde dann ab 2014 regelmäßig gefragt, wie das jüdische Leben in der Ukraine aussieht und welche Haltung ich dazu einnehmen würde.

Man muss Putin eine Sache zugestehen: Er erkannte, wie effektiv der Faschismusvorwurf ist und wie gut er in Russland funktionierte. Mit ihm konnte der russische Diktator Massen von Menschen mobilisieren, die Geschichte umdeuten und das gesamte ukrainische Volk als Faschisten und Faschistinnen brandmarken. Dies schaffte er auf eine so radikale Weise, die selbst der sowjetischen Propaganda gegenüber Nazi-Deutschland in den Jahren 1941 bis 1945 nicht gleichkommt. Das sprach Bände, was den monströsen Charakter von Putins imperialer Politik angeht. Putin nutzte diese innenpolitische Krise in der Ukraine geschickt und löste praktisch einen Bürgerkrieg in meiner früheren Heimat Donbass aus. Die Annexion der Krim war ein weiterer Schritt. Es bildeten sich sogenannte Volksrepubliken in Donezk und Luhansk, die etwa 20 Prozent des Landes unter ihre Kontrolle brachten. Laut einer Umfrage des Politbarometers vom März 2014 verurteilten 53 Prozent der Deutschen diese Annexion, während rund ein Drittel keine Meinung dazu hatte.

In Europa wurden somit Grenzen gewaltsam verschoben, was nach dem Zweiten Weltkrieg außer im Balkankrieg in den 1990er-Jahren nicht mehr vorgekommen war. Das stellte eine politische Zäsur dar und war ein Test für den Westen. Gestern noch stand Russland an der Seite der Ukraine: als Nachbar, Bruderstaat und strategischer Partner. Innerhalb weniger Monate musste die Ukraine schmerzlich lernen, dass dies nicht mehr galt.

Putin war davon ausgegangen, dass die westlichen Reaktionen so ausfallen würden wie 2008 beim Krieg in Georgien, der für Russland praktisch keine Konsequenzen nach sich zog. Doch dann ereignete sich etwas Unerwartetes: Über dem Donbass wurde ein malaysisches Flugzeug mit vornehmlich niederländischen Staatsbürgern an Bord abgeschossen. Überreste der Maschine wurden in meiner Geburtsstadt Torez gefunden. Ich hätte nicht gedacht, dass einmal die ganze Welt über den Donbass im Allgemeinen und meine Heimatstadt im Besonderen sprechen werden. Allerdings hätte ich mir einen anderen Anlass für diese Aufmerksamkeit gewünscht.

Mir kam es sehr merkwürdig vor, jeden Tag in den deutschen Nachrichten Namen von Dörfern und Städten zu hören, die ich seit der Kindheit kannte. Mein Vater zum Beispiel ist in der Stadt Debalzewe geboren, ein bekanntes Verkehrsdrehkreuz. Dort fand 2014 eine große Kesselschlacht statt. Nach der Befreiung der Ukraine von der deutschen Besatzung im Jahr 1944 waren diese Orte mit Kampfhandlungen während des Zweiten Weltkriegs in Verbindung gebracht worden. Das alles war erschreckend und unangenehm, aber es sollte nur die Vorstufe dessen sein, was acht Jahre später auf die Ukraine zukam.

Schwarzer Februar 2022 und der andauernde Ukrainekrieg

Den Abend vor Kriegsbeginn am 20. Februar 2022 verbrachte ich bei einem Date mit einer jungen Frau, die aus der ukrainischen Hafenstadt Odessa geflüchtet war. Es hatte bereits mehrere Wochen und Monate vor dem Angriff Warnungen von westlichen Geheimdiensten gegeben, dass Putin einen Überfall auf die Ukraine plane. Die Atmosphäre bei unserem Treffen war geprägt von der Anspannung wegen des drohenden russischen Angriffs und der Angst um ihre Familie und Freunde. Es herrschte eine mulmige Stimmung, da es trotz aller Analysen und Anzeichen so unglaublich erschien, dass mitten in Europa ein derartig großer Krieg ausbrechen könnte. Die ukrainische Hauptstadt Kyjiw, die ab 6:00 Uhr morgens von der russischen Luftwaffe bombardiert wurde, liegt nur zwei Flugstunden von Berlin entfernt.

Ich ging in dieser unheilvollen Nacht mit der Hoffnung schlafen, dass Putin es bei seinen Drohungen belassen würde, um den Westen unter Druck zu setzen, aber keinen Krieg beginnen würde. Doch ich sollte mich irren. Am Morgen des 20. Februar 2022 las ich als Erstes die Nachricht, die ich um 6:53 Uhr von meinem bosnischen Freund Timur erhalten hatte: »Das passiert gerade wirklich, oder?« Diese Worte trafen mich wie ein Blitz, ich verstand sofort, worum es ging. Russland bombardierte tatsächlich die Hauptstadt Kyjiw und das gesamte Land unter dem Vorwand, die Ukraine zu denazifizieren, zu entmilitarisieren und die »faschistische Regierung« zu stürzen. Das letzte Mal war Kyjiw im Juni 1941 von der deutschen Wehrmacht bombardiert und einige wenige Wochen später besetzt worden.

Damals gehörte ich zu der kleinen Gruppe von Menschen, die es nicht ausschlossen, dass ein solcher Überfall möglich sein könnte. In den acht Jahren zuvor war ich mehrmals in Russland gewesen und hatte mich mit vielen einfachen Menschen, Taxifahrerinnen, Arbeitern, aber auch Intellektuellen und Geschäftsleuten unterhalten und mitbekommen, wie groß die Bereitschaft war, für Präsident Putin alles und noch mehr zu tun. Mir kam es so vor, als hätte sich eine blinde Gefolgschaft gebildet, was auf mich beängstigend wirkte. In den Gesprächen war immer wieder imperiales und chauvinistisches Denken gegenüber den Menschen in der Ukraine sowie anderen ehemaligen Sowjetrepubliken zu erkennen. Der starke Nationalismus in Russland und der Glaube an eine eigene eurasische Zivilisation waren an jeder Ecke in Moskau, aber auch im liberalen Sankt Petersburg spürbar.

Ich hatte mich in meinem Leben nie deutscher gefühlt als während dieser Reisen nach Russland, dort schien mir alles so nah und doch so fremd zu sein. Wie sehr fühlte ich mich doch mittlerweile meiner deutschen Heimat verbunden. Ich konnte den sich daraus ergebenden Blick auf die Dinge einfach nicht mehr ablegen. Offenbar zeigten so viele Jahre in Deutschland ihre Wirkung, denn ich hatte mich eindeutig von der postsowjetischen Kultur entfernt.

Deutschland erwischte es ebenso kalt wie viele andere westliche Staaten, die in den Tagen und Wochen zuvor geglaubt hatten, Putin an dem ewig langen Verhandlungstisch umstimmen zu können. Ich war innerlich vollkommen am Boden und einfach fassungslos, dass es so weit kommen konnte. Dieser Morgen war der Auslöser dafür, dass sich alles im Umgang Deutschlands mit der Ukraine änderte. Es konnte keine Rede mehr von Gleichgültigkeit sein. Auf einmal waren auch die eigene Sicherheit und die Weltordnung nach dem Zweiten Weltkrieg gefährdet. Ich musste schlucken, wie so viele Menschen hierzulande, als ich am Sonntag, nur einige Tage nach dem Angriff, die berühmt gewordene »Zeitenwende-Rede« von Bundeskanzler Olaf Scholz (SPD) hörte. Die Ernsthaftigkeit der Lage lastete auf allen und war stark spürbar.

Plötzlich kamen an den deutschen Bahnhöfen Hunderttausende ukrainische Kriegsflüchtlinge an, überwiegend Frauen und Kinder, die vor den Bombardierungen geflohen waren. Besonders bei den Kindern war der Schock deutlich erkennbar; sie waren stark gezeichnet. Ich kann mich erinnern, wie ich nur wenige Wochen nach Kriegsbeginn eine Bekannte aus dem ostukrainischen Charkiw, einer russischsprachigen Stadt, am Hauptbahnhof in Berlin empfing. Aus dem großen Fenster blickten wir auf das Reichstagsgebäude mit der deutschen und ukrainischen Flagge als Zeichen der Solidarität. Vor 80 Jahren hatten dort Rotarmisten die Flagge des Sieges gehisst. Dass die Nachgeborenen derjenigen, die damals gesiegt hatten, nun vor russischen Bombardierungen ausgerechnet nach Deutschland fliehen mussten, empfand ich als kafkaesk.

Ich hatte mich selten so elend gefühlt wie in diesen Stunden, denn die Vergangenheit und Gegenwart sowie die ungewisse Zukunft wurden eins. Nichts war wie vorher. Auch der Umgang mit der Ukraine wandelte sich. Berlin hatte sich in wenigen Wochen zum Zufluchtsort für Tausende Menschen verwandelt und die blau-gelben Flaggen der Ukraine, die früher bei Staatsbesuchen oder Klitschko-Kämpfen zu sehen waren, hingen überall, um Solidarität zu bekunden. Einer meiner ersten Eindrücke: Ich sah, wie ein geflüchteter ukrainischer Junge sich in der Wohnung meines Großvaters Arkadiy reflexartig auf den Boden warf, als ein ziviles Flugzeug vorbeiflog. Er hatte gedacht, dass es sich um russische Bomber handelte. Meinem Opa, der Jahrzehnte als Lehrer gearbeitet hatte, schossen Tränen in die Augen. Im Alter von 86 Jahren hätte er sich nicht vorstellen können, dass Kinder in Europa noch einmal Angst haben müssten, in den Himmel zu schauen. »Wir haben wohl alle gemeinsam versagt, wenn so etwas wieder Realität in Europa ist«, sagte er.

Bereits einige Wochen nach Kriegsbeginn konnte ich erkennen, dass das Bild von den ukrainischen Menschen in Deutschland vollkommen falsch und verzerrt war. Auf den Bahnhöfen wurden, ähnlich wie bei der Flüchtlingswelle aus Syrien, Socken, Schuhe und Essen an die Neuankömmlinge verteilt. Es schien die Vorstellung vorzuherrschen, die Ukraine sei ein von Armut gezeichnetes Land. Das entsprach jedoch nicht annähernd der Wirklichkeit. Bei den ukrainischen Geflüchteten handelte es sich zur Überraschung vieler um regelrechte Europäerinnen und Europäer, erkennbar an ihrer Kleidung und der Nutzung moderner Apps und Kommunikationssysteme. Sie waren schnelleres Internet gewohnt und viele von ihnen besaßen moderne Autos, was zu den üblichen deutschen Neiddebatten führte. In ihrem eigenen Land hatten sie ein erfülltes Leben geführt. Sie hatten ihre Heimat nicht freiwillig verlassen, wie es bei meinen Eltern in den wilden 1990er-Jahren der Fall gewesen war. Glücklicherweise hatte die Ukraine Nahrung, Kleidung und Medizin eigenständig produzieren können, sodass die Hilfe aus Deutschland in dieser Form nicht notwendig war. Gleichzeitig verteidigte sich das Land erfolgreich gegen die russische Invasion und benötigte dazu Waffen, Waffen und nochmals Waffen. Der heroische Kampf des ukrainischen Volkes wird in die Geschichtsbücher eingehen, davon bin ich zutiefst überzeugt.

Mir fiel in dieser Zeit auf, dass die Menschen, die aus der Ukraine zu uns kamen, sich deutlich einfacher und schneller zurechtfanden als die Generation meiner Eltern in den 1990er-Jahren, die aus dem gleichen Land stammten. Dabei spielten sicherlich viele Faktoren und Gründe eine Rolle, zum Beispiel die starke Abgeschiedenheit vom Westen in der Sowjetunion. Die moderne Ukraine war trotz aller Unterschiede bei Mentalität und Kultur im Vergleich zu Deutschland sehr fortschrittlich. Viele Ukrainer und Ukrainerinnen hatten in den letzten Jahren Europa mehrmals bereist und waren ebenso mit den europäischen Werten gut vertraut. Der Eiserne Vorhang aus der Zeit der Sowjetunion existierte nicht mehr, sodass diesen Menschen die Integration viel leichter fiel. Nach den Ergebnissen der zweiten Welle einer Befragung des Instituts für Arbeitsmarkt- und Berufsforschung waren im Durchschnitt 18 Prozent der ukrainischen Geflüchteten im Frühjahr 2023 erwerbstätig. Die Erwerbstätigkeitsquote stieg zwölf Monate nach der Ankunft auf 28 Prozent. Gleichzeitig wurde klar, dass junge

Menschen aus der Ukraine in Deutschland bei voller Erwerbstätigkeit nach wie vor unterdurchschnittlich verdienten.

Der Krieg in der Ukraine brachte wie eine unaufhaltsame Lawine einen Informationsüberschuss hervor. In den Jahren 2022 und 2023 dominierte kein außenpolitisches Thema die deutsche Debatte so sehr wie dieses – sei es der Frontverlauf, der EU-Beitritt, die Rolle der NATO oder die Aussicht auf eine friedliche Zukunft auf dem gesamten europäischen Kontinent. Wegen des Kriegs in der Ukraine wurden in Deutschland auch wieder Sicherheits- und geostrategische Fragen diskutiert. Davor waren diese Themen über viele Jahre vernachlässigt, fast schon ignoriert worden. Außenpolitik wirkte wie ein Spielfeld für alte Herren und einige wenige Diplomaten, wie einst in Zeiten des Kalten Kriegs. Doch nun war alles anders: Ich konnte mich an kaum einen ausländischen Konflikt in den letzten Jahren erinnern, der hierzulande so stark spürbar gewesen war wie der blutige Krieg in der Ukraine. In nur wenigen Wochen kostete er Zehntausenden Menschen das Leben.

Was sind die Menschen aus der Ukraine in den Augen vieler Deutschen nach Jahren des Kriegs und Elends? Früher war das Ukraine-Bild stark geprägt von dem russischen Narrativ über das Land. Zwar verstand man nun in Deutschland, dass die Ukraine nicht mit Russland gleichzusetzen war, jedoch fehlte es nach wie vor an Tiefe und Schärfe im Umgang mit ihr. Wenn man mich fragt, wie sich Russland und die Ukraine voneinander unterscheiden, bringe ich immer gerne das Beispiel von Österreich und Deutschland an. Zwar ist vieles ähnlich und es gibt durchaus gemeinsame historische Wurzeln, aber das macht Deutschland nicht zu Österreich und umgekehrt. Selbst die ursprünglich gemeinsame Sprache verändert sich immer mehr. Heute würde niemand in Österreich die Idee eines Großdeutschlands ernsthaft verfolgen. Selbst in der rechtspopulistischen FPÖ haben sich alle von diesem Gedanken verabschiedet.

Historische Wurzeln und eine gemeinsame Sozialisation müssen kein Hindernis für die eigenständige Entwicklung von Ländern sein. Putin hätte sich wohl gewünscht, dass die Ukraine mit der gleichen Leichtigkeit an Russland angeschlossen werden könnte wie einst das astro-faschistische Österreich an Nazi-Deutschland. Doch das war ein Trugschluss dieses »lupenreinen Demokraten«, wie ihn der ehemalige Bundeskanzler Gerhard Schröder, mit dem ich in einer Partei sein musste, einst bezeichnete. Ich als jemand, der in der Ukraine geboren worden war, hatte die vielen Entwicklungen dort von Deutschland aus nur bedingt mitbekommen. Ich war schließlich kein Exilant und hatte meine einstige Heimat für immer verlassen. Dennoch war es mir nicht egal, ob sie von bösen Menschen überfallen wird, wie es der ukrainische Nationaldichter Tarastschenko in seinem Gedicht »Es ist mir nicht egal« prophetisch vor über 150 Jahren beschrieben hatte.

8.

Persönliches Wachstum und Erfolge – Was will Deutschland von mir?

Die Entscheidung, nach Deutschland auszuwandern, war nicht meine eigene. Meine Eltern trafen sie für mich und machten dieses Land zu meiner neuen Heimat. Sie hofften auf ein besseres Leben für unsere Familie, denn in der Ukraine herrschten soziale Unsicherheit, Kriminalität und Korruption. Ein Klima der Angst und Hoffnungslosigkeit bestimmte den Alltag dort, sodass sie keinen anderen Ausweg sahen, als zu handeln.

Immer wieder malte ich mir als Kind und Jugendlicher mein anderes Leben in meinem Geburtsland aus, dieses Szenario wurde aber mit jedem weiteren Jahr in Deutschland abstrakter. Die Normalität des Alltäglichen ließ für den Gedanken, wie mein Leben in der Ukraine hätte aussehen können, wenig Raum. Auch meine Eltern und ich haben, bis auf eine oberflächliche Betrachtung von Einzelentscheidungen, keine Bilanzierung unserer gesamten Zeit in Deutschland vorgenommen. Zu viel Schmerz und Erinnerungen sind mit dem langen Weg von der Ankunft am Bahnhof Lichtenberg bis heute verbunden. Doch eine Reflexion ist längst überfällig, hier möchte ich dem nachgehen.

Als erste Erkenntnis will ich festhalten, dass die Entscheidung meiner Eltern, nach Deutschland einzuwandern, grundsätzlich richtig war. Es ging nicht anders, sie mussten damals etwas an der Lage ändern. Die 1990er-Jahre in der Ukraine waren unheimlich schwierig, sodass faktisch für uns nur der Ausweg blieb, das Land zu verlassen. Die Entscheidung, dies tatsächlich zu tun, fiel im Jahr 1994, also vier lange Jahre vor der Einreise nach Deutschland. Es war schon allein deshalb richtig auszuwandern, weil Frieden immer dem Krieg vorzuziehen ist. Im Donbass herrschte seit jeher eine gewisse Unzufriedenheit mit der ukrainischen Zentralregierung in Kyjiw. Als wirtschaftlich starke Region betrachtete man sich als autonom, auch wenn man nicht separatistisch orientiert war. Diesen angespannten Zustand nahmen auch meine Eltern wahr und wurden aktiv.

Im Rückblick war ihre Entscheidung, die Ukraine zu verlassen, also vorausschauend. Bereits in den 1990er-Jahren erkannten sie die Vorzeichen noch schwierigerer Zeiten, also bereits zwei Jahrzehnte, bevor der Krieg im Donbass ausbrach. Das Prinzip »Im Nachgang ist man immer schlauer« kommt hier ebenfalls zum Tragen. Es ist oft spannend zu sehen, ob eine Entscheidung richtig oder vielleicht in Teilen richtig war, wenn man zurückblickt. Nicht jeder mutige Entschluss ist auf lange Sicht gesehen klug. Zwischen Mut und Dummheit verläuft bekanntlich ein schmaler Grat. Hätte es auch andere Möglichkeiten als die Auswanderung gegeben, die meine Eltern hätten umsetzen können? Diese Frage bleibt wohl unbeantwortet. Wahrscheinlich wollten sie die Vergangenheit einfach ruhen lassen und nicht über diese Entscheidung sprechen. Grund für das Schweigen könnte auch sein, dass sie sich nicht eingestehen können, dass es damals auch Alternativen gegeben hätte. In Deutschland mussten wir wieder unzählige große und kleine Entscheidungen treffen, jede wirkte sich auf unser Leben aus. So etwa der Entschluss, die Flüchtlingsunterkünfte schnell zu verlassen und nach Berlin umzusiedeln, oder die Anmeldungen meiner Eltern zu ihren Umschulungen.

Schöner scheitern?

Ein Freund und langjähriger Berater für Fußballspieler sagte mir einmal, dass es eine große Kunst sei, im Sport mit dem Verlieren richtig umzugehen. Als ich ihn fragte wieso, entgegnete er nüchtern, dass der Trainer vor jedem Spiel entscheidet, welche elf von den rund 24 Spielern in einer Mannschaft spielen werden. Die anderen dreizehn müssen mit der Absage leben. Des Weiteren sorgen Scheitern und Niederlagen oft für eine größere Motivation. Man lernt, damit sportlich umzugehen, und verliert nicht den Glauben an den Sieg. So können selbst aus Niederlagen Lehren gezogen werden. Zu verlieren finde ich trotz aller Motivationssprüche, dass Krisen auch Chancen sind, nicht gut. Ein Mensch sollte auf Dauer – ein Migrant insbesondere – nicht im Krisenmodus laufen. Jedes persönliche Problem als Erfahrung zu labeln ist für mich ein zu geringer Trost für schlechte Lebensqualität und Sorgen.

Wir als Eingewanderte scheiterten tagtäglich und über einen längeren Zeitraum hinweg. Es schmerzte mich zu sehen, wie meine Eltern trotz vieler Bemühungen, ihre Lage zu verändern, so oft nichts erreichten. Vor allem bei der Arbeitssuche und nach erfolglosen Bewerbungsgesprächen war dies am bittersten zu beobachten. Ebenso machten ihnen bürokratische Hürden und Sprachprobleme zu schaffen. Belastend waren auch die Mentalitätsunterschiede, beispielweise in der Nachbarschaft. Für ein Kind sind Eltern Vorbilder, starke Persönlichkeiten, an denen man sich orientiert. Stattdessen sah ich zwei Kämpfer und mutige Menschen, die oft aussichtslose Schlachten ausfochten, auch weil ihnen leider die richtigen Strategien fehlten.

So verließen sich meine Eltern auf Menschen, denen sie nicht hätten vertrauen dürfen. Die Betreffenden handelten eigennützig und wollten nicht wirklich helfen. Ich denke hier an rücksichtslose Makler oder andere Personen mit krimineller Energie, die einen Profit für sich herausschlagen wollten. Das passierte vor allem in den Anfangsjahren häufiger, da viele Menschen ihre Leichtgläubigkeit und fehlende Erfahrung gnadenlos ausnutzten, um eigene Vorteile zu erlangen. Meine Eltern folgten leider so einigen listigen und gut klingenden Ratschlägen, die sie aber nicht weiterbrachten und letztendlich in die Irre führten. In Deutschland mussten sie lernen, sich ständig nach außen hin gut zu verkaufen, ob im Beruf, was noch irgendwie normal schien, aber vor allem auch im privaten Kontext. Authentizität und Echtheit in zwischenmenschlichen Beziehungen waren in Deutschland weniger ausgeprägt als in der Ukraine. Diese Art von Umgang kannten meine Eltern aus ihrem alten Leben nicht und sie sehnten sich nach klaren Verhältnissen, wo jeder seine Rolle kannte, die ihm die Gesellschaft zuschrieb.

Viele der Menschen in Deutschland, denen meine Eltern begegneten, erwiesen sich leider als unaufrichtig. Hinter den schönen Fassaden und Phrasen verbarg sich häufig wenig bis nichts. Meine Mutter und mein Vater erkannten, dass hier »Vitamin B« eine große Rolle spielte und Geld und Ansehen wichtig waren – ähnlich wie in der Ukraine, die sie teilweise aus genau diesen Gründen verlassen hatten. Trotzdem wurde in Behörden oder Unternehmen der Eindruck erweckt, als würde in Deutschland alles transparent und ehrlich ablaufen, aber das entsprach nicht dem realen Bild.

Auch ich erlebte Ähnliches in meinem Berufsleben. Wenn der Chef jemanden einstellen wollte, war ein fairer Wettbewerb nur selten möglich. Es ging nicht um Leistung, sondern vor allem um Beziehungen, Vertrauen und Sympathie. Das ist zwar verständlich, doch so verläuft die Vergabe von Arbeitsplätzen nicht gerechter. Ich weiß, wie viel einfacher alles wird, wenn man die richtigen Personen an den entscheidenden Stellen kennt und Zugang zu bestimmten Netzwerken hat. Termine oder wichtige Informationen, auf die andere Menschen Wochen warten müssen, erhält man oft schon am gleichen Tag – vorausgesetzt, man verfügt über gute Kontakte. Ich spreche dabei nicht von Korruption, sondern von Gefälligkeiten. Das Prinzip ist aus der Sowjetunion gut bekannt. Manche Menschen glauben, in Deutschland nach den Sternen greifen zu können, und scheitern oder zerbrechen an der Realität. Das konnten meine Eltern nicht akzeptieren.

Als Kind nahm ich schon sehr früh wahr, was da vor sich ging. Daher machte ich es für mich zu einem persönlichen Lebensziel, zu lernen, wie man aus Misserfolgen positive Energie schöpfen kann. Außerdem musste ich erst einmal begreifen, dass es nicht ausreicht, nur mit Herzblut zu kämpfen, sondern dass auch strategisches und politisches Feingefühl notwendig ist. Mein Beruf als politischer Berater half mir, diese Denkweise zu entwickeln und sie auch im Privatleben anzuwenden. Die Misserfolge meiner Eltern waren für mich eine wichtige Lektion, um vorsichtiger und überlegter zu handeln. Leider haben sie auch Misstrauen und Unsicherheit in mir ausgelöst, bis heute trage ich beides in mir. Doch ich bin zuversichtlich, dass ich diese Gefühle überwinden werde, sobald ich meine persönlichen und beruflichen Ziele erreicht habe.

Scheitern war auf dem Arbeitsmarkt besonders unangenehm. Man kann so oft gefühlt schon vor dem Tod sterben, vor allem im sozialen Kontext. Als ich zum ersten Mal einen Job verlor, fühlte sich das an wie ein Schlag auf den Hinterkopf. Sobald ich wieder klar denken konnte, merkte ich, dass ich mich in einer völlig neuen Realität befand, an die ich mich selbst rasch anpassen musste, aber auch die Menschen in meinem sozialen Umfeld. Die Auswirkungen waren sofort spürbar – gesellschaftlich, finanziell und auch im zwischenmenschlichen Bereich.

Scheitern ist nie schön und sollte nicht zur Norm werden. Der Umgang damit ist in Deutschland allerdings auch nicht gerade entspannt. Wenn ein Unternehmen insolvent geht oder einem Menschen etwas misslingt, erfahren viele der Betroffenen weder Verständnis noch Unterstützung. Kritik und Nachtreten erlebe ich dagegen häufiger hierzulande. Das habe ich selbst zu spüren bekommen, etwa anhand der sinnleeren Ratschläge während meiner Arbeitslosigkeit. Die Absage auf eine Bewerbung hin könnte doch einfach das sein, was sie ist, und zwar ohne die üblichen schön klingenden Floskeln wie »mit besten Wünschen für die berufliche Zukunft« oder Ausreden wie »überqualifiziert«. Das macht für mich das Scheitern nicht besser, sondern nur noch trauriger und leider oft erbärmlicher.

Mit Geduld das Ziel angehen

Was also konnten für mich Lösungen für den Umgang mit Scheitern, Niederlagen und Enttäuschungen sein? An erster Stelle stand, wie bereits beschrieben, meine Familie hinter mir, sie stärkte mir den Rücken. Ich wusste immer, dass es zu Hause Menschen gab, denen ich vertrauen konnte. Selbst wenn sie nicht immer die Komplexität der Probleme begriffen, unterstützten sie mich und glaubten an mich. Allein hätte ich es nie geschafft. Der Wind der Herausforderungen hätte mich hinweggefegt. Um besser klarzukommen, entwickelte ich die Kunst, auf bestimmte negative Ereignisse und Herausforderungen mit dem Bigger-Picture-Blick zu schauen. Damit konnte ich Ereignisse relativieren, indem ich sie in den Gesamtkontext meines Lebens einbettete. Man könnte es als Realitätsflucht bezeichnen, doch für mich war es hilfreich, den Fokus auf das Wesentliche zu richten und dort zu belassen.

Meine Überzeugung ist die, dass Korinthenkackerei, der akribischen Konzentration auf das Klein-Klein und dem Ausbremsen von Ideen vehement entgegengetreten werden sollte, und zwar sowohl im beruflichen als auch im privaten Leben. Deutschland als Land der Bedenkenträger – genau dieser Umstand hatte mich bei vielen Entscheidungen im Beruf und privat gestört. Sich mehrfach abzusichern und Mechanismen wie das berühmte Vier-Augen-Prinzip sind wirklich gute Methoden, um Fehler zu vermeiden. Doch niemand wird sich vor allen Gefahren und Möglichkeiten schützen können. Während meiner Zeit in der Musikindustrie bei Bertelsmann lernte ich von Personen im hohen Management und Führungskräften, mit Risiken umzugehen und vor allem, sie überhaupt einzugehen.

In den letzten Jahren rückte ein anderer Aspekt in den Vordergrund, der mir half, mit Problemen und Herausforderungen umzugehen: Geduld. In Deutschland gilt sie als eine große Tugend, weil hier die Dinge oft langsam vorangehen. Ein Gespür für Zeit zu haben ist zwar grundsätzlich wichtig, doch hierzulande wird damit gerne gespielt. In der Musikindustrie lernte ich das Konzept des »Testballons« kennen: Man bringt ein Thema ins Spiel und beobachtet dann, wie sich die Dinge entwickeln. Deshalb sage ich vielen jungen und zielstrebigen Menschen, vor allem denen mit Migrationshintergrund: Habt bitte Geduld. Deutschland ist nicht so schnell wie seine Autos, vielmehr braucht es oft Gelassenheit und Durchhaltevermögen, um die eigenen Ziele zu erreichen. Das spielt natürlich nur eine Rolle, wenn man weiß, wo man ankommen will. Wer ziellos durch die Welt geht, wird erfolglos bleiben. Ich finde, jeder Mensch sollte ab und zu eine sogenannte Bulldoggen-Mentalität entwickeln, um hartnäckig an den eigenen Zielen festzuhalten und sich nicht so leicht ablenken oder entmutigen zu lassen.

Erfolge im Land der begrenzten Möglichkeiten

Jeder berufliche Erfolg – ob klein oder groß – war nicht nur ein persönlicher Triumph für mich, sondern auch eine Bestätigung, dass die Entscheidung meiner Eltern, nach Deutschland einzuwandern, richtig gewesen war. Ich werde niemals vergessen, wie sie schauten, als ich mit meinem Masterabschluss und dem unterschriebenen Vertrag über die Arbeitsstelle im Parlament nach Hause kam. Sie konnten es auch Jahre später nicht fassen, dass dieser kleine Junge vom Bahnhof Lichtenberg in den Fluren des Abgeordnetenhauses von Berlin lief. Das war also mein erster Arbeitsort. Ich kann mich noch gut daran erinnern, was es für eine Ehre war, dort tätig zu sein. Das Parlament ist schließlich das höchste Organ der Demokratie. Das klingt nach Idealismus und hat sich auch so angefühlt.

Das wurde also zu meiner neuen Realität nach 18 Jahren in Deutschland. Ich war Mitarbeiter im Parlament – als Abgeordneter dort zu sitzen wäre mir noch viel lieber gewesen. Dieses Land lehrte mich, dass Erfolg sich nicht nur an materiellen Errungenschaften bemisst, sondern auch an der Fähigkeit, in einer neuen Gesellschaft Fuß zu fassen und sogar einen Dienst für sie zu leisten. Meine Eltern erklärten mir, dass dieser Augenblick meines Erfolgs all ihre Rückschläge und Niederlagen wettgemacht hätte. Ich hatte damals als Büroleiter und Referent eines Abgeordneten angefangen, was sicherlich in der Hierarchie nicht ganz weit oben angesiedelt war, aber für meine Eltern war ich so schon der »kleine große Kanzler«.

Euphorie ist an sich eine gute Sache, leider verfliegt sie schnell. Ebenso richtig: Enttäuschungen gehören zum Leben. Auch im Parlament wird nur mit Wasser gekocht. Oft war die vermeintlich politische Arbeit kaum von der eines Sekretärs zu unterscheiden, ich tippte vorgeschriebene Entwürfe ab oder sortierte Akten. Doch auch das Kaffeezubereiten im Parlament bedeutete für mich eine große Ehre. Sechs Jahre nach meinem Debüt als Angestellter im Parlament wurde ich 2022 vom Präsidenten des Abgeordnetenhauses Dennis Buchner (SPD) eingeladen, die Festrede bei der Zentralen Einbürgerungsfeier von Berlin zu halten. Die Idee war, dass ich von meinen Erfahrungen erzählen würde. Im Raum saßen viele zukünftige Deutsche, die eingebürgert werden sollten, Politiker, Personen des öffentlichen Lebens und viele Gäste. Vor allem aber saßen dort meine Eltern. Ich konnte ihnen meine Rede widmen, ihre Bemühungen und ihre Unterstützung hervorheben. Es war ein emotionaler Augenblick für mich, als ich mich auch in der Öffentlichkeit bei ihnen bedanken konnte. Schließlich war es maßgeblich auch ihr Verdienst, dass ich auf der Bühne dort stand und vielleicht eines Tages den geräumigen Parlamentssaal nicht nur von der Tribüne aus erleben würde.

Ein Stück Heimat in Deutschland

Hierzulande geht es sicherlich nicht darum, dass jeder Mensch mit Migrationshintergrund Reden im Parlament hält. Auch die ohne müssen das nicht. Aber ich denke, dass es durchaus Erwartungen gibt, wie sich ein richtiger Migrant oder eine richtige Migrantin zu verhalten hat. Und dazu, wie der Weg zum Deutschsein auszusehen hat. Ich rede hier bewusst nicht von typischen Klischees, zum Beispiel erst mal eine Ausbildung oder Handwerkslehre zu absolvieren, oder andere Dinge, etwa einer älteren Frau über die Straße zu helfen oder beim Wettsaufen zu gewinnen. Tatsächlich habe ich mir diese Frage immer wieder gestellt: Was wird in Deutschland von mir erwartet? Muss ich mich den landestypischen Bräuchen und Traditionen vollständig anpassen, um akzeptiert zu werden? Reicht es, pünktlich bei der Arbeit zu erscheinen, oder muss ich auch bei Freizeitaktivitäten wie Kegeln mitmachen oder Mitglied im Jagdklub werden? Und was ist mit der deutschen Nationalhymne – sollte ich sie auswendig kennen, um als »echt« zu gelten?

Ich habe beispielsweise noch nie »Tatort« geschaut. Vermutlich bin ich damit für die Integration verloren oder sie ist gar komplett gescheitert. Doch auch im Ernst kann die Frage nach den Erwartungen beantwortet werden, wenn klar ist, was als Maßstab für erfolgreiches Migrantentum gilt. Die Anforderungen daran sind nicht identisch mit denen an einen Deutschen. Vermutlich ist es menschlich, Fremde anders zu behandeln als die »eigenen Pappnasen«. Ich kenne dieses Gefühl aus einem anderen Zusammenhang sehr gut. Wenn in der jüdischen Community abfällig über Konvertiten gesprochen wird, frage ich mich manchmal, woher sich Menschen das Recht nehmen, von anderen etwas zu fordern, was sie selbst nicht erfüllen.

Offen gesagt: Erwartungen halte ich grundsätzlich für keine so gute Sache. Denn allein sie sind der Grund für Enttäuschungen. Aus meiner Sicht gibt es keine Checkliste für Integration. Jeder kann sich in Deutschland frei entwickeln und verwirklichen, seinen eigenen Weg finden und gehen. Was uns wirklich zusammenhält, ist der gemeinsame Rahmen, den unsere freiheitlich-demokratische Grundordnung absteckt. Darin ist klar definiert, wie das Zusammenleben funktionieren soll. Wer das nicht beachtet, wird zum Problem für unsere offene Gesellschaft. Damit meine ich alle Menschen, die in diesem Land wohnen, ob syrische Geflüchtete oder völkisch angehauchter Thüringer mit deutscher Staatsbürgerschaft. Ich erwarte einfach, dass sich jede und jeder Einzelne an das Grundgesetz hält. Alles andere, ob Sandalen mit Socken zu tragen, deutsche Waschmaschinen zu kaufen, Schlager zu hören oder wie ich Mitglied eines politischen Vereins wie der SPD zu sein, steht uns allen frei. Nichts davon ist Voraussetzung fürs Deutschsein.

»Germany's next Top Migrant« kann es nicht geben. Menschen kommen nicht nach Deutschland, um Stereotype zu erfüllen oder den Ansprüchen anderer gerecht zu werden. Und wenn doch, werden sie daran scheitern, weil Erwartungen unterschiedlichster Art im Raum stehen. Für manche bin ich nicht gut genug integriert, vor allem für diejenigen, die ein völkisches Verständnis von Deutsch haben. Für jemand anderen bin ich das Vorbild in einer Multikulti-Gesellschaft und wieder andere halten mich für eingedeutscht. All das spielt keine Rolle, denn es wird immer Menschen geben, die euch als Individuen und Deutsche wahrnehmen, und andere, die euch nicht akzeptieren, egal wer ihr seid. Das ist das Schicksal der Menschen, die aus der Fremde kommen. Ich habe das für mich akzeptiert und angenommen.

Jeder Mensch mit Migrationshintergrund muss seinen Weg zur inneren Heimat finden. Mein persönlicher Weg verlief nicht immer geradlinig, doch genau die Kurven und Umwege haben mich zu dem gemacht, was ich heute bin. Ich habe gelernt, dass es in Ordnung ist, nicht in jede kulturelle Schublade zu passen. Und dass es darum geht, meine individuelle Reise zu unternehmen, um im neuen Land heimisch zu werden.

Deutschland hat mich geprägt, aber ich habe auch meinen Beitrag für dieses Land geleistet. Es ist ein Prozess auf Gegenseitigkeit, ein Geben und Nehmen, Anpassen und Widerstehen. Letztlich ist Migration nicht nur eine physische Bewegung von einem Land in ein anderes. Sie bedeutet vielmehr eine tiefgreifende Veränderung, die uns dazu bringt, unsere Werte, Überzeugungen und Ziele neu zu definieren. Das macht die Kunst aus, in einem neuen Land eine innere Heimat zu finden – und auf diesem Weg sich selbst immer wieder neu zu entdecken und nicht zu verlieren. Ich kann behaupten, in Deutschland ein Stück Heimat gefunden gefunden zu haben.

9.

Botschaften für Morgen

Im 19. Jahrhundert war das wichtigste Fortbewegungsmittel das Pferd, insbesondere in Städten wie Paris, London und New York. Diese Tiere zogen Kutschen, Straßenbahnen und Lastkarren. Die Stadtbevölkerung wuchs kontinuierlich, was mit der Industrialisierung zusammenhing. Deshalb stieg der Bedarf an Pferden und dementsprechend auch die Menge der durch sie verursachten Abfälle. Viele Stadtplaner und Expertinnen prognostizierten etwas Unappetitliches. Das größte Problem im kommenden 20. Jahrhundert würde in den oben genannten Weltmetropolen Pferdemist sein.

Was damals niemand ahnen konnte, war, wie rasant sich die Technik entwickeln würde. Um die Jahrhundertwende konnte mithilfe der Elektrizität, vor allem elektrischer Straßenbahnen, und später mittels der Automobilindustrie das Pferdemist-Desaster doch gelöst werden. Das Pferd verschwand allmählich von den Straßen. Bei der Stadtplanung war man von einer linearen Entwicklung ausgegangen, unerwartete Wendungen waren dabei nicht mitgedacht worden. Die Schlussfolgerung daraus: Prognosen basieren immer auf den aktuell vorhandenen Informationen, aber es können unvorhersehbare Entwicklungen auftreten – ob gesellschaftlich, wirtschaftlich oder technisch –, die zu einem anderen Ergebnis führen als gedacht. Meiner Meinung nach bedeutet das jedoch nicht, dass man ausschließlich im Moment leben sollte.

Wie ihr gelesen habt, beschäftigen mich in meinem Buch viele Themen und ich zeige hier meine Sicht auf die Dinge auf. Ähnlich wie zuvor beschrieben fällt es mir schwer, nun vorherzusagen, in welche Richtung sich die von mir aufgegriffenen Themen, die mich bewegen und prägen, entwickeln werden. Dennoch möchte ich einen Versuch unternehmen, einen kleinen Ausblick zu geben.

Migration und Integration als Erfolgsfaktoren

Erfahrungen mit Migration und Integration sammelte ich in meiner Zeit in Deutschland. Sicherlich hat sich hierzulande vieles verändert. Nichtsdestotrotz führen wir heute dieselben Debatten wie vor 20 Jahren, zu der Zeit, als ich anfing, mich bewusst mit diesen Themen auseinanderzusetzen. In einigen Fragen erleben wir sogar rückschrittliche Diskurse, etwa wenn es um das Recht auf Asyl versus andere verfassungsrechtliche Werte geht. Auch bei Rassismus und Fremdenfeindlichkeit waren wir gesellschaftspolitisch in Deutschland schon einmal weiter. Manches erinnert mich an die dunklen 1990er-Bomberjacken-Jahre und das dazugehörige politische Klima.

Ich befürchte, dass sich die aktuellen Radikalisierungsprozesse ungehindert fortsetzen und die Diskurse in den kommenden Jahrzehnten eher verschärfen werden. Spätestens seit der Flüchtlingswelle aus Syrien im Jahr 2014 gibt es keine sachliche Debatte über Migration mehr, vielmehr mutet sie impulsiv, manchmal sogar infantil an. Es werden Kausalitäten erstellt, die gar nicht bestehen, und Dinge gegeneinander aufgewogen und ausgespielt. Angesichts dieser Spaltung kann ich mir nicht vorstellen, dass sich die Art der Auseinandersetzung in der näheren Zukunft stark verändern wird. Vieles konnte in den Bereichen Integration und Inklusion in unserer pluralen Gesellschaft erreicht werden, jedoch kommt es mir so vor, als solle nun einiges davon wieder rückgängig gemacht werden.

Mir ist es fremd, mit Begriffen wie Links- oder Rechtsruck zu hantieren oder von Gegenrevolutionen in die eine oder andere Richtung zu sprechen. Dennoch befürchte ich, dass die Migration deutlich restriktiver behandelt und die Integration in das deutsche Bildungssystem, den Arbeitsmarkt und insgesamt in die Gesellschaft erschwert werden wird. Vermutlich werden zukünftige Generationen von Zugewanderten nach Deutschland mit den gleichen Problemen zu tun haben wie ich bei meiner Ankunft 1998 und den ersten Jahren hier. Diese Perspektive finde ich trostlos und sie wirkt auf mich wie ein gesamtgesellschaftlicher Rückschritt. Auch die geopolitische Weltlage sorgt nicht dafür, dass die Ängste und Unsicherheiten der Menschen sich verringern.

Wenn ich für mehr Migration und Integration ansässiger Zugewanderter plädiere, dann geschieht dies nicht aus einem woken multikulturellen Verständnis heraus. Es geht auch nicht um meine eigene Betroffenheit. Ich bin davon überzeugt, dass nur eine vielfältige Gesellschaft wirklich erfolgreich sein kann. Wenn hierzulande nicht verstanden wird, dass Vielfalt Bereicherung bedeutet und große Potenziale mit sich bringt, die es zu nutzen gilt, wird sich ein nachhaltiges Problem auftun. Denn dann wird Deutschland langfristig betrachtet in unserer globalisierten Welt einfach untergehen.

Für mein Empfinden steht im Vordergrund, dass die Menschen in Deutschland sich wieder vergegenwärtigen, dass Kreativität gepaart mit Ordnung, Fleiß und Zielstrebigkeit zum Erfolg führt. Das hatte ich während meiner eigenen deutschen Geschichte verinnerlicht. Bis heute bemühe ich mich darum, diesem Prinzip zu folgen. Auch wenn das, wie in den vorigen Kapiteln beschrieben, nicht immer konfliktfrei ablief und -läuft. Das ist einer der Gründe, warum es mir wichtig ist, Reflexion und sachliche Auseinandersetzungen anzuregen: Es geht um unsere gemeinsame Gesellschaft und unsere Zukunftsfähigkeit.

Wohnen, Arbeit, Familienleben

Interessant finde ich auch den Blick darauf, wie sich die Familienverhältnisse in Deutschland entwickeln werden. Ich glaube, dabei sind zwei Sachen entscheidend: Wohnraum und Arbeit. Die Frage ist, wie diese beiden Bereiche zukünftig organisiert werden.

Ich bin mir sicher, dass vermehrt Mehrgenerationenhäuser in Mode kommen werden. Und Kinder werden länger bei ihren Eltern wohnen, weil die Kosten für die eigene gekaufte oder gemietete Wohnung schlicht zu hoch sein werden. Es ist nicht auszuschließen, dass hier eine Wende nach südeuropäischem Vorbild stattfinden wird.

Unsere Arbeitswelt wird in Zukunft sicherlich nicht von der 38-Stunden-Woche geprägt sein, sodass es Änderungen bei Freizeit und beim Umgang mit der Familie geben wird. Die fortschreitende Digitalisierung wird dazu führen, dass sich die Arbeitszeiten verkürzen. Die verfügbare freie Zeit wird anders gefüllt werden. Womöglich wird dies zu einer größeren Nähe führen, die ich, wie zuvor in meinen Beobachtungen beschrieben, in deutschen Familien stark vermisse.

Ausblick auf jüdisches Leben

Geschichtsvergessenheit und der generelle Umgang mit der eigenen und kollektiven Vergangenheit in Deutschland haben viel Raum in meinem Buch bekommen. Ich bleibe bei meiner These, dass der Zivilisationsbruch der Schoah auch die folgenden Generationen beschäftigen wird. Der Prozess der Historisierung verläuft schleichend und wird sicherlich in den kommenden Jahrzehnten zur Herausforderung. Viele junge Menschen haben bereits jetzt Probleme mit der Vorstellbarkeit des Unvorstellbaren und Unsagbaren, den Verbrechen des Nationalsozialismus. Wie diese im 21. Jahrhundert diskutiert werden, wird auch sehr davon abhängen, was tagespolitisch in der Welt geschieht und wie sich Deutschland dazu verhält. Geschichte wird immer im zeitgenössischen Kontext betrachtet und so wird man zukünftig eigene Lehren ziehen und bestehende Erkenntnisse neu definieren. Allerdings wird sich die erdrückende Faktenlage zur Schoah nicht verändern und damit auch nicht die niemals endende Verantwortung eines Deutschlands der Zukunft.

Ebenso viel Diskussionsstoff bietet das Thema jüdisches Leben in Deutschland. Wie sich dieses entwickeln wird, hängt von der generellen Frage nach jüdischer Existenz auf dem europäischen Kontinent ab. Solange es liberale Demokratien und Rechtsstaaten gibt, kann es jüdisches Leben in Europa und entsprechend in Deutschland geben. Sollte sich daran etwas ändern, gerät es in Gefahr, wird vielleicht sogar unmöglich. Es wird schlicht und ergreifend zwischen den Extremen zermahlen, ohne dass die Mehrheitsgesellschaft eingreift. Dieser Tendenz entgegenzuwirken bedeutet, die Demokratie zu sichern. Nur sie ermöglicht es religiösen oder nationalen Minderheiten, in Mehrheitsgesellschaften zu überleben.

Aufgaben und Aussichten der Ukraine

Die Themen Demokratie und Rechtsstaatlichkeit spielen auch eine Rolle, wenn es um Deutschland und seinen Blick auf die Ukraine geht. Ob die Ukraine später in die EU oder das Verteidigungsbündnis NATO aufgenommen wird oder nicht, erscheint mir im Moment fast irrelevant. Sie muss erst einmal den inneren Feind – die Korruption – besiegen, damit sie eine Zukunft hat, und auch die von Russland annektierten Gebiete zurückerobern. Wieso? Die Menschen dort werden nicht in der sogenannten russischen Welt leben wollen. Das gilt vor allem, wenn in der benachbarten Ukraine Wohlstand nach europäischem Vorbild herrscht.

Wie die Zukunft der Ukraine aussieht, hängt von diesen beiden Faktoren ab. In einem modernen und progressiven Land sind Vetternwirtschaft, semikriminelles Oligarchentum und ein Netz aus Gefälligkeiten sowie intransparente staatliche Strukturen keine Optionen. Ich glaube an die Menschen dort und an die vermutlich schlagkräftigste Armee der Welt. Dennoch hat die Ukraine noch viel vor sich. Nur ein starker Staat ist ein Garant gegen innere und äußere Feinde. Nur ein sozialer Staat, der Wohlstand und ein Mindestmaß an Sicherheit gewährleistet, ist gut für die Menschen und stabil. Hier hat die Ukraine tatsächlich noch einiges zu tun und das wird sie auch schaffen. Selbst wenn ich der Letzte in Deutschland bin, der daran glaubt: Ich bin überzeugt davon, dass die Zukunft der Ukraine ruhmreich sein wird. Diesen Weg wird das Land nicht allein schaffen können. So wie Deutschland nach dem Zweiten Weltkrieg wird es tatkräftige Unterstützung brauchen und hoffentlich bekommen.

Die Zukunft unseres Landes und unserer Werte hängt – nicht ausschließlich, aber auch – von der Zukunft der Ukraine ab. Das ist keine intellektuelle Übung und kein konstruierter Zusammenhang, sondern sicherheitspolitische Realität. Ihr müssen wir uns in den kommenden Jahrzehnten stellen, wenn wir nicht ständig von den Autokratien und Diktaturen dieser Welt unter Druck gesetzt werden wollen. Die von Bundeskanzler Olaf Scholz im Jahr 2022 ausgerufene »Zeitenwende« wird uns noch lange über das Ende des Kriegs in der Ukraine hinaus prägen und beschäftigen. Ich kann hier aus Überzeugung nahtlos die Botschaft des ehemaligen Außenministers Hans-Dietrich Genscher anschließen: »Europa ist unsere Chance. Eine andere haben wir Deutsche nicht.« Das gilt nicht nur für unser Land, sondern auch für die Ukraine.

Wohin geht Deutschland?

Das erste Viertel des 21. Jahrhunderts in Deutschland war geprägt von enormen Veränderungen und Herausforderungen – oder vielleicht nur den ersten Anzeichen eines echten Wandels. Alles wurde schneller und dynamischer. Die Dinge ändern sich rasant und viele Menschen in Deutschland haben Zukunftsängste, reale und irreale. Für mich fühlt es sich so an, als litten wir derzeit unter einer kollektiven nationalen Angststörung. Ob das besser wird? Es zeichnet sich ab, dass die Querschnittsthemen wie Digitalisierung, Klimawandel und Migration sowie Frieden auf dem Kontinent und in der Welt uns in den kommenden Jahrzehnten weiter begleiten werden und sich das Land umgestalten wird. Vermutlich stehen wir vor den größten Veränderungen seit der Industrialisierung im 19. Jahrhundert und werden nicht umhinkommen, unser gesellschaftliches Zusammenleben umzukrempeln. Ich glaube nicht an einen Stopp-Knopf, mit dem sich diese Entwicklungen unterbrechen lassen.

Im Gegenteil: Wir werden es in Zukunft öfter mit Flüchtlingswellen, Klimakatstrophen, KI-generierten Inhalten und Anwendungen sowie kriegerischen Auseinandersetzungen zu tun bekommen. Die Erkenntnis, dass die fetten Jahre vorbei sind, ist inzwischen in der Bevölkerung angekommen. Wenn Deutschland auf diese Entwicklungen und Phänomene nicht reagiert, wird es zum Museum der analogen Lebensweise, Wirtschaft und Gesellschaft. Wir können es uns nicht leisten – sowohl angesichts des Klimawandels als auch des technologischen Fortschritts –, in deutschen Verwaltungen E-Mails auszudrucken und per Umlauf über Wochen vom dritten in den fünften Stock zu bringen. Meine humoristisch beschriebenen Erfahrungen in diesem Land und aus meinem Leben müssen vielleicht sehr bald in einem ganz anderen Ton gelesen werden. Alles in allem geht es hier nicht um natürliche Veränderungen von Sichtweisen und Blickwinkel, sondern um ein grundsätzliches Auseinanderdriften der Gesellschaft. Anfang der 2000er-Jahre war hierzulande vieles schwierig und lief definitiv falsch, aber die Spielregeln waren klarer als heute.

Ich finde, wir in Deutschland sollten lernen, miteinander zu reden statt übereinander, und offen aussprechen, was ist. Ich erwarte Ehrlichkeit, denn nur aufrichtige Analysen und Problembeschreibungen können zu tragfähigen Lösungen in den genannten Bereichen und darüber hinaus führen. Zukunft lässt sich nur gestalten, wenn wir lernen, die Dinge geradeheraus beim Namen zu nennen. Dabei halte ich Differenzierung für wichtig. Für mich stehen Komplexität und Ehrlichkeit nicht im Widerspruch zueinander. In unserer vielschichtigen Welt mit ihren vielen offenen Fragen und Dimensionen müssen wir dazu übergehen, uns den Wahrheiten stellen, auch den unangenehmen. Dazu gehört es zu verinnerlichen, dass wir nicht einfach so weiterleben können, wenn auf unserem Kontinent und anderswo schreckliche Kriege stattfinden. So schwierig die Gründe und Ursachen dafür sind, so einfach ist die Erkenntnis, dass es nicht wie bisher weitergehen kann.

Unsere Lebensweise und unser Wohlstand sind ebenfalls nicht gesichert. Denn auch unser Planet wird sich verändern. Wir müssen damit aufhören, Land, Meer und Luft zu verschmutzen und Ressourcen in riesigem Ausmaß gedankenlos zu nutzen. Auch hier ist ein Wechsel nötig. Deutschland muss unter anderem in den Bereichen Klima, Automobilität, Ernährung und Landwirtschaft mutig ins 21. Jahrhunderts schreiten, um sich nicht zu verzwergen.

Meine Botschaft, meine Hoffnung

Um eine Zukunft zu haben, muss Deutschland ehrlicher werden. Die Beobachtung der Philosophin Hannah Arendt über Deutschland nach dem Zweiten Weltkrieg wirkt sich in diesem turbulenten Jahrhundert fatal aus: »Der wohl hervorstechendste und auch erschreckendste Aspekt der deutschen Realitätsflucht liegt in der Haltung, mit Tatsachen so umzugehen, als handele es sich um bloße Meinungen.«

Doch sich der Realität zu stellen, wird nicht reichen, um die zukünftigen Herausforderungen angemessen zu meistern. Das kann nur der erste Schritt sein. Menschenverursachte Probleme müssen meiner Meinung nach auf menschliche Art gelöst werden. Ich verstehe unter Menschlichkeit Empathie und Mitgefühl. Außerdem gehören eine gesunde Fehlerkultur und das Eingestehen von Schwächen dazu. Diese Vorstellung lässt sich religiös, politisch oder wie bei mir humanistisch begründen. Ich halte dies für eine Grundvoraussetzung, im Ergebnis wird auch in Zukunft der Mensch zählen.

Neulich sagte ein befreundeter IT-Experte zu mir, ich solle zum KI-Chatbot ChatGPT nett sein und das KI-basierte Programm freundlich ansprechen, damit es bessere Ergebnisse liefert. In der Tat habe ich auf inhaltlich gleiche Prompts, also meine Anfragen, unterschiedlich gute Antworten bekommen, je nachdem, ob sie sachlich und eher emotional persönlich formuliert waren. Der IT-Experte hatte recht. Wenn also ein Stück Technik menschlicher behandelt werden will, um besser zu reagieren, wieso können wir das nicht als Menschen einfordern? Und uns im Umgang miteinander entsprechend verhalten?

Der bekannte Sportjournalist und Kommentator Marcel Reif hielt im Jahr 2024 anlässlich der Gedenkstunde für die Opfer des Nationalsozialismus im Deutschen Bundestag eine eindrucksvolle Rede. Er gab dabei die simple Botschaft seines Vaters aus dem Jiddischen weiter, die mir auch mein Großvater, ebenfalls Überlebender der Schoah, vermittelt hatte: »Sei ein Mensch!«

Ohne Menschlichkeit und Ehrlichkeit hat unser Land keine Zukunft. Das mag jetzt für manch einen sehr allgemein klingen fast schon pathetisch, aber ich halte diesen beiden Werte angesichts meiner Erfahrungen aus den 25 Jahren in Deutschland für fundamental, damit wir weiterkommen, zivilisiert miteinander umgehen und Kompromisse finden. Letztere sind fester Bestandteil einer Demokratie. Die Kompromissfeindlichkeit der letzten Jahre stellt ein großes Problem dar, das unsere zukünftige Entwicklung hemmen wird. Wir müssen in diesem Land wieder lernen, dass die Ich-zuerst-Einstellung und ständige Maximalforderungen nicht funktionieren. Das gilt sowohl im Freundeskreis und in der Familie als auch gesamtgesellschaftlich.

Kompromisse bedeuten nicht Verwässerung, Gleichschaltung und geballte Inhaltslosigkeit, wie oft von demokratiefeindlichen und faschistischen Kräften unterstellt, sondern sind Ergebnisse echter Kämpfe um Ideen. Ich meine, Deutschland muss wieder als Land der unterschiedlichen Vorstellungen auftreten, ausgestattet mit der Bereitschaft zu Kompromissen. In der Vergangenheit brachte diese Einstellung Nobelpreisträger hervor und unserem Land den Weltruf als eine Nation voller Kreativität. Gute Lösungen für die Beteiligten und schwere Verhandlungen gehörten dazu und sorgten für Fortschritt.

Meine Familie und ich warteten vier lange Jahre darauf, nach Deutschland zu kommen. Wir warteten acht lange Jahre darauf, die deutsche Staatsbürgerschaft zu bekommen. Wir warteten viele Jahre, bis wir Ausbildungen und Qualifikationen erlangen konnten, um endlich zu arbeiten und für uns und das Land Wohlstand zu generieren. Dabei war nicht alles wie im Bilderbuch, sondern vieles schwer und schmerzlich. Aber wir machten Kompromisse – auch mit uns selbst. Ich warne davor, Ehrlichkeit, Menschlichkeit und Kompromissbereitschaft zu vernachlässigen. Diese Werte sollten uns im Umgang miteinander leiten, denn eigentlich ist es nicht so schwer, nicht gemein und unfreundlich zu sein, und in jedem von uns steckt mindestens ein klitzekleines Stück Anstand.

Entscheidend wird zudem sein, wie wir mit Menschen umgehen, die diese einfachen Botschaften nicht verstehen und für die solche Werte bedeutungslos sind. Als Gesellschaft werden wir auch daran gemessen. Widerspricht man und gibt ihnen damit eine Bühne? Ignoriert man sie oder hält an dem Glauben fest, sie überzeugen zu können? Wenn wir mit radikalen, fanatischen und extremistischen Menschen so umgehen, wie sie es mit anderen tun, sind wir moralisch nicht besser. Wir dürfen uns nicht so verhalten wie sie, sonst machen wir uns mit ihnen gemein – und unglaubwürdig, wenn wir von Anstand und

Aufrichtigkeit sprechen. Mir fällt dazu ein Satz von Michelle Obama ein, der ehemaligen First Lady der USA. In einer Rede während des US-Wahlkampfs 2016 sagte sie: »When they go low, we go high.« Genau das möchte ich als Leitmotiv für den Umgang mit Menschen, die mit Demokratie und Menschlichkeit nichts am Hut haben, empfehlen.

Unser Land wird meiner Meinung nach von unterschiedlichen undemokratischen Gruppen zerrieben werden, wenn wir ihren Forderungen hinterherlaufen. Je mehr wir nach deren Prinzip handeln, desto erfolgreicher ist doch ihr Geschäftsmodell, das auf Populismus, Provokation sowie der Ablehnung menschlicher Fehlbarkeiten, Schwächen und Ängsten beruht. Neben allen anderen sachlichen Problemen und Herausforderungen unserer Zeit wird uns der Umgang mit den Idealen des Urfaschismus viel abverlangen. Der 2016 verstorbene italienische Schriftsteller Umberto Eco, der den italienischen Faschismus unter Benito Mussolini erlebt hatte, beschrieb bereits im Jahr 1995, also vor etwa 30 Jahren, seine Kennzeichen. Ich sehe Deutschland in der Pflicht, den durchschaubaren Plan, dieses überholte Drehbuch der Anhänger des Urfaschismus, zu unterbinden und sich ihnen nicht anzubiedern. Vielmehr wird es darum gehen, Haltung zu zeigen, auch wenn der Wind stärker weht. Zu hetzen bedeutet nicht, aufrichtig auszusprechen, was ist. Zu hassen bedeutet nicht, auf Probleme hinzuweisen. Zu kritisieren bedeutet nicht, Lösungen zu präsentieren, sondern weist auf die eigene Ideenlosigkeit und fehlende Kreativität hin. Der Urfaschismus lehnt Moderne und Fortschritt ab und hält an primitiven Instinkten fest, die dem Menschsein widersprechen. Und das kann nicht in unserem Sinn sein.

Meine Intention beim Schreiben dieses Buches bestand darin, sehr viele Komplexitäten, Widersprüche und auch Dilemmas aufzuzeigen, Grundlage dafür waren meine Beobachtungen und Erfahrungen. Mein Fazit: Deutschland und seine Menschen sind vielschichtig. Das hat sich historisch so ergeben und wird sich in der Zukunft nicht ändern. Das weiß ich an diesem Land zu schätzen. Meine Botschaft für Deutschland am Ende dieses Buches vermittelt die kraftvolle Aussage des ehemaligen Kanzlers und Berliner Bürgermeisters Willy Brandt: »Die Zukunft wird aus Mut gemacht.«

Seid mutig.

Mihail Groys, im Februar 2025

© Ben Fuchs

ZUM AUTOR

Mihail Groys stammt aus einer jüdisch-ukrainischen Familie und lebt seit seiner Kindheit in Deutschland. Er arbeitet als politischer Berater in Berlin. Zuvor sammelte er Berufserfahrungen in Politik, Wirtschaft und der Verwaltung und wurde als Stipendiat von der START-Stiftung und der Hans-Böckler-Stiftung gefördert. Beiträge von ihm zu migrations- und gedenkpolitischen sowie gesellschaftsrelevanten Themen sind in der „Berliner Zeitung", dem „Tagesspiegel", der „Jüdischen Allgemeinen", dem „Migazin" sowie verschiedenen Blogs veröffentlicht worden.

IMPRESSUM

Projektleitung: *Tom Mathony*
Texte: *Mihail Groys*
Lektorat: *Cornelia Rüping für textwerk, München, Alexandra Bauer (textwerk, München)*
Covergestaltung: *Martina Baldauf*
Satz: *Uhl + Massopust, Aalen*
Coverfoto: *31Media GmbH, Ben Fuchs*
Herstellung: *Frank Jansen*
Producing: *Jan Russok*
Druck & Bindung: *GGP Media GmbH, Pößneck*

LIEBE LESERINNEN, LIEBE LESER

wie schön, dass Sie ein Buch von ZS in den Händen halten. „Jetzt leben!" ist das Motto unseres Verlages. Es steht für Inspiration und Genuss, Unterstützung und Motivation. Ob Gesellschaft und Politik oder Gesundheit und Kulinarik bieten wir inspirierende Sachbücher, die aktuelle Themen weiter denken. Unsere Autorinnen und Autoren sind Menschen, die zu ihrem Thema wirklich etwas zu sagen und zu schreiben haben.

UNSER VERLAGSHAUS

Mit Standorten in Hamburg und München zählt die Edel Verlagsgruppe zu den größten unabhängigen Buchanbietern Deutschlands. Zur Gruppe gehören die Verlage Dr. Oetker Verlag, Edel Sports, KARIBU und ZS.

ZS - Ein Verlag der Edel Verlagsgruppe
www.zsverlag.de
www.facebook.com/zsverlag
www.instagram.com/zsverlag

1. Auflage 2025

Neumühlen 17, 22763 Hamburg
ISBN: 978-3-96584-505-3
Redaktionsanschrift:
ZS, Edel Verlagsgruppe GmbH,
Kaiserstraße 14b, 80801 München
www.zsverlag.de/kontakt
www.edelverlagsgruppe.de/kontakt

FSC
www.fsc.org
MIX
Papier | Fördert gute Waldnutzung
FSC® C014496